珍藏版

鬼谷子

于立文 主编

陆

辽海出版社

目　录

五、刘邦运筹帷幄……………………………（1）

六、崔浩谏言明元帝……………………………（2）

七、范纯仁不见之怨……………………………（5）

八、扶持二世皇帝………………………………（6）

九、平羌叛乱的虞诩……………………………（12）

一〇、桓公见鬼…………………………………（18）

一一、面皮安放…………………………………（19）

一二、华屋山丘…………………………………（20）

一三、华阳隐居…………………………………（21）

一四、居安思危…………………………………（22）

一五、猛虎不如群狐……………………………（23）

一六、欺以其方 …………………………… (24)
一七、火烧博望坡 ………………………… (25)
一八、诸葛亮取汉中 ……………………… (29)
一九、刘备识人 …………………………… (31)
二〇、做贼心虚 …………………………… (32)
二一、不受一钱 …………………………… (33)
二二、为虎作伥 …………………………… (35)
二三、无中生有 …………………………… (36)

摩篇第三 ……………………………………… (37)
一、宾媚人求晋 …………………………… (39)
二、魏绛和戎之策 ………………………… (41)
三、苏秦慧眼识英雄 ……………………… (43)
四、蔡泽雄辩范雎 ………………………… (47)
五、张仪游说秦王 ………………………… (52)
六、离开吴国的枚乘 ……………………… (58)
七、司马错与张仪的争论 ………………… (61)
八、反兵法而用兵 ………………………… (63)
九、太史慈突围 …………………………… (64)
一〇、诸葛亮迁延待变 …………………… (66)
一一、不贪为宝 …………………………… (68)

目 录

一二、海不扬波 …………………………… (70)

一三、幸灾乐祸 …………………………… (71)

一四、熊性恶血 …………………………… (72)

一五、鸡口牛后 …………………………… (73)

一六、鸡犬升天 …………………………… (74)

一七、棘刺母猴 …………………………… (75)

一八、季子投师 …………………………… (77)

一九、齐王筑城 …………………………… (78)

二○、擒贼先擒王 ………………………… (79)

二一、权宜之计 …………………………… (80)

二二、姜维求计避祸 ……………………… (82)

二三、歇后郑五 …………………………… (85)

二四、日夜劝说李世民 …………………… (86)

摩篇第四 ……………………………………… (88)

一、解狐举贤 ……………………………… (90)

二、克己奉公 ……………………………… (91)

三、一丘之貉 ……………………………… (92)

四、衣冠禽兽 ……………………………… (93)

五、见不逮闻 ……………………………… (95)

六、见利忘危 ……………………………… (96)

3

七、见猎心喜 ………………………………… (97)

八、见巧之狙 ………………………………… (98)

九、犬牙相制 ………………………………… (98)

一〇、郭开陷害廉颇 ………………………… (100)

一一、心直口快的颜斶 ……………………… (101)

一二、齐国谋臣鲁仲 ………………………… (105)

一三、预言春申君的下场 …………………… (109)

一四、班超智取莎车国 ……………………… (111)

一五、刘秀智勇破界军 ……………………… (113)

一六、曹操借力打力 ………………………… (115)

一七、有勇无谋的吕布 ……………………… (116)

一八、言而有信的季布 ……………………… (118)

一九、执法严明的董宣 ……………………… (121)

二〇、黄雀的规律 …………………………… (126)

二一、李世民对话颉利可汗 ………………… (127)

二二、思路开阔的孙嘉淦 …………………… (129)

第九章　权　篇

权篇第一 ………………………………………… (135)

一、马不入厩 ………………………………… (138)

目 录

二、黄羊任人 …………………………（139）

三、以邻为壑 …………………………（140）

四、以强凌弱 …………………………（141）

五、阴柔害物 …………………………（144）

六、焦湖庙祝 …………………………（145）

七、狡兔三窟 …………………………（146）

八、皆获元珠 …………………………（153）

九、嗟来之食 …………………………（154）

一〇、疥疮五德 ………………………（155）

一一、楚材晋用 ………………………（155）

一二、多谋善战的乐毅 ………………（157）

一三、晁错改令 ………………………（159）

一四、澶渊之盟 ………………………（160）

一五、拥为沛公的高祖 ………………（161）

一六、明修栈道暗渡陈仓 ……………（163）

一七、韩信背水而战 …………………（164）

一八、陈平巧施离间计 ………………（166）

一九、梁商上疏顺帝 …………………（168）

二〇、窦建德的藏兵洞 ………………（170）

二一、卢从史的二心 …………………（173）

权篇第二……………………………………（176）
　　一、郑楚同盟…………………………（178）
　　二、弭兵会议…………………………（179）
　　三、宇文护哭诉………………………（183）
　　四、无立锥之地………………………（184）
　　五、刘邦突围白登山…………………（186）
　　六、张良计贿秦将……………………（188）
　　七、食少事繁…………………………（189）
　　八、受一大钱…………………………（190）
　　九、终南捷径…………………………（191）
　　一〇、钟响磬鸣………………………（192）
　　一一、专横跋扈………………………（193）
　　一二、锦衣夜行………………………（194）
　　一三、楚人养狙………………………（195）
　　一四、橘化为枳………………………（196）
　　一五、谋乱的吕氏兄弟………………（198）
　　一六、晋王杨广争权位………………（201）
　　一七、落难公子………………………（203）
　　一八、完颜永蹈的面相………………（205）
　　一九、康熙智擒鳌拜…………………（207）

目 录

权篇第三··(210)

    一、赵奢破秦军··(212)

    二、李牧以怯怠敌··(214)

    三、诱敌换将··(215)

    四、王翦巧施离间计······································(216)

    五、一馈十起··(217)

    六、一琴一鹤··(218)

    七、地利人和··(219)

    八、巧退秦兵··(220)

    九、鸣鼓而攻··(221)

    一〇、孔子断粮··(222)

    一一、枯梧不祥··(223)

    一二、哭母不哀··(224)

    一三、狂奴故态··(225)

    一四、乐羊食··(226)

    一五、文事武备··(227)

    一六、平步青云··(232)

    一七、大树将军··(233)

    一八、佞臣江充··(235)

    一九、范十一娘医病······································(236)

二〇、李辅国保护太子 …………………… (238)

二一、李克宁起兵 ………………………… (239)

二二、智捉白胜 …………………………… (242)

权篇第四 ……………………………………… (244)

一、孔子三缄其口 ………………………… (246)

二、言必有中 ……………………………… (248)

三、荀况的礼义 …………………………… (249)

四、二者必居其一 ………………………… (250)

五、减灶破魏 ……………………………… (252)

六、刘邦歹秦 ……………………………… (254)

七、韩信水淹楚军 ………………………… (255)

八、苑中种麦 ……………………………… (257)

九、斋马清风 ……………………………… (258)

一〇、避其锐气,击其惰归 ……………… (259)

一一、前徒倒戈 …………………………… (260)

一二、兵不厌诈 …………………………… (261)

一二、黎丘丈人 …………………………… (262)

一三、李代桃僵 …………………………… (263)

一四、力士脱靴 …………………………… (264)

一五、柳生左肘 …………………………… (265)

目 录

一六、鲁人起……………………………………（266）

一七、王猛发挥才干……………………………（266）

一八、东方朔各得其所…………………………（268）

一九、杯酒释兵权………………………………（270）

二〇、李逵误识他人……………………………（271）

二一、严惩李大户………………………………（274）

五、刘邦运筹帷幄

公元前207年，刘邦率领的起义军推翻了秦朝的统治，从此与楚霸王项羽展开了争夺天下的战争。

在楚汉相争的最初岁月中，刘邦好几次被项羽打得损兵折将，溃不成军。公元前205年，楚汉两军在彭城（今徐州）交战，汉军全线崩溃，伤亡将士二十多万人，连刘邦的父母和妻子都被楚军俘获了。刘邦自己一直跑到河南荥阳才站住脚跟。

"彭城之战"的惨重失败，使刘邦几乎失去了胜利的信心。他在途中对谋臣张良说："函谷关以东的地方，我准备不要了。你看送给什么人，可以使他们为我建功立业？"

张良说："大将韩信善于用兵，屡战屡胜；楚九江王英布和项羽有矛盾；魏相国彭越是一个能征善战的猛将。您就送给这三个人吧！如果他们能够为您出力，项羽就没有了安宁的日子，最后一定会失败。"

刘邦根据张良的谋划，联络彭越，策动英布背叛项羽，同时命韩信与他们相呼应，加紧对项羽后方进行骚扰和进攻。到公元前203年，项羽被迫同刘邦停战讲

和,双方确定以鸿沟为界。鸿沟在今天的河南省境内,是沟通黄河与颖水的古运河。

平分天下的和约缔结以后,项羽就踏上了东归之路,刘邦也准备率军返回关中。此时又是张良深谋远虑。他和陈平一起劝说刘邦,不要放虎归山,要穷追猛打,将项羽一举消灭。刘邦觉得张良的意见很有道理,就调回大军开始追击项羽,一直追到阳夏。

公元前202年,项羽在垓下(今安徽灵璧南)陷入汉军重围。项羽突围无望,兵败自杀。刘邦经过五年的艰苦奋战,终于统一了天下。

在庆功大会上,刘邦论功行赏。他当着文武百官的面说:"子房(张良)虽然没有上阵打仗,但他运筹帷幄之中,决胜千里之外,建立了特殊的功勋。"刘邦当即宣布封赏张良齐地三万户,被张良谢绝,最后张良被封为留侯。

六、崔浩谏言明元帝

北魏明元帝(拓拔嗣)泰常二年(公元417),东晋齐郡太守王懿投降,他献计说刘裕目前正屯兵洛阳,

第八章　摩篇

应派大军切断刘裕退路，刘裕成瓮中之鳖，可不战而克之。

明元帝听了很兴奋，当时恰好博士祭酒崔浩正在给明元帝讲授《尚书》，明元帝便征询他的意见："刘裕现在已进军至潼关，您看这事能成功吗？"崔浩回答说："姚兴好大喜功，徒居虚名，并无实力，他儿子姚泓又体弱多病、现在后秦已是众叛亲离。在这种情况下，刘裕乘人之危，而又兼兵强马壮，攻灭后秦乃是指日可待的事。"明元帝问："您觉得刘裕和慕容垂相比，哪个人的军事才能更高明？"崔浩说："慕容垂出生名门，一生下来便无比尊贵，投奔他的人所在多是，如同飞蛾赴火，他只要稍稍善待这些人，便可轻而易类成就功名。相反，刘裕出身寒门，没有门阀根基，但他振臂一呼，将士效命，诛杀权重一时的桓玄，北擒慕容超，南灭卢循。可见刘裕的军事才能更胜慕容垂一筹。但如果他摧毁姚秦政权，占有关中，关中汉人与北方人杂居，矛盾重重，即使是刘格也不能安定稳稳地统治下去。最后关中仍将为我们所占有。"明元帝又问："刘裕现已攻人关内，进有姚秦大军，退则无功而返，如果我们派遣精锐骑兵袭击彭城、寿春，切断他的后路，刘

裕还能站稳脚跟吗?"崔浩说:"目前对我们威胁最大的柔然、屈丐还未平定,陛下您千万不能亲率大军去攻打刘裕。而我军部署在南面的将领长孙嵩有治理国家的才能,而没有攻城掠地的军事本领,根本不是刘裕的对手。所以我建议我们再等待、观察一阵。"明元帝一笑:"先生考虑得真是周到啊。"崔浩说:"我常常私下和人评论近代人物的得失,现在不能再隐瞒您了。我认为,王猛辅佐前秦行坚治理国家,他是苻坚的管仲。慕容烙辅佐前燕少主慕容,他就是霍光再世。刘裕平定东晋内外的叛乱,他相当了为曹操建立了伟业的司马懿。"明元帝问:"那么你觉得先帝(道武帝拓拔珪)怎么样呢?"崔浩说:"先帝大量起用漠北淳朴豪放的英雄,进人中原汉族聚居地区,改变了那里的生活方式,统一了北方,他的丰功伟迹可与伏羲、神农、尧舜、禹汤相媲美,我怎能妄加评论呢?"二人谈兴甚浓,直至夜半时分。

　　明元帝赐给崔浩美酒十斛,水精戎盐一两,说:"我觉得您的这些话就象这些美酒、精盐一样值得品味,赐给你这些东西,表示我们应共同思考这些问题。"

七、范纯仁不见之怨

范纯仁（公元 1027～1101 年），字尧夫，是范仲淹的第二个儿子。宋仁宗皇祐元年（公元 1049 年），考取进士，曾任京西、陕西转运副使。

有一次，范纯仁应召回京，神宗向他询问陕西路一带城邑、兵器、粮食贮存的情况。范纯仁回答道："城邑粗略建成，兵器也刚修好，粮食基本上贮存完。"神宗感到很惊奇，不满地说："我非常倚重和信任你的才干，然而，你为什么谈起这些重要事情时，都说'粗略'、'粗略'的呢？"范纯仁回答道："所谓粗略，就是不够精细的意思，能够做到粗略完成，也就行了。希望陛下千万不要想在边境一带打仗立功，如果边境的文臣武将心存怨气，采取观望的态度，日后将会成为意料不到的祸患。"范纯仁被拜为兵部员外郎，兼起居舍人、同知谏院。他又上书奏道："王安石改变祖宗立下的法度，用苛税搜刮民财，弄得民怨沸腾，人心惶惶。《书》说：'怨恨不一定都表现出来，要消除那种埋藏在人们心底、表面看不见的怨恨。'希望陛下消除人们没有表

现出来的怨恨。"神宗还不理解他的话,问道:"什么是没有表现出来的怨恨呢?"范纯仁进一步解释向他说:"唐代人杜牧说过:'天下之人,不敢言而敢怒。'我说的不见之怨,就是这个意思。"神宗对他表示赞许,采纳了他的意见。

八、扶持二世皇帝

始皇于三十七年(公元前210年)十月,出游到会稽山,沿海而上,北到琅邪山。丞相李斯、兼代符玺令的中车府令赵高都为随从。始皇有二十多个儿子,大儿子扶苏因为几次直言劝谏皇上,被派遣到上郡监督军队,蒙恬担任将军。小儿子胡亥受到始皇的宠爱,要求跟随出游,皇上答应了他。其余的儿子都没有跟随出去。

这年七月,始皇达到沙丘,病得很厉害,命令赵高写诏书给公子扶苏说:"把军队交给蒙恬,与灵枢到咸阳伞合举行丧礼,然后安葬。"诏书已封好,还没有交给使者,始皇就辞世了。诏书和御印都在赵高那儿。只有胡亥、丞相李斯、赵高和五六个亲信宦官知道始皇逝

第八章 摩篇

世了，其余百官都不知道。李斯认为皇上在外面驾崩，又没有正式确定太子，所以保守秘密。而把始皇的尸体安放在一辆既能保暖又通风凉爽的卧车里，百官报告政务和进献食物都照往常一样，宦官就假托皇上的命令从卧车里批准百官报告的政务。

赵高便扣留了始皇给扶苏的诏书，而对公子胡亥说："皇上驾崩，没有命令封诸公子为王而只赐给长子一封诏书。长子一到，就会登位作皇帝，可您却连一寸封地也没有，怎么办呢？"胡亥说："是啊。我听说过，贤明的君主是了解臣子的，贤明的父亲是了解儿子的。父亲临终，不赐封儿子们，有什么话可说呢！"赵高说："不能这么说。当今天下的大权，谁存谁亡，都在您、我和丞相手中，希望您慎重考虑。况且让别人臣服和向别人臣服，控制别人和受别人控制，难道可以相提并论吗？！"胡亥说："废掉兄长而立弟弟，这是不义；不遵从父亲的遗命而怕死，这是不孝；才能浅薄，依靠别人的扶持而登位，是无能。这三件事，都是大逆不道的，天下人心不服，自己会招来殃祸，国家也会灭亡。"赵高说："我听说商汤周武杀死他们的君主，天下人都说是大义之举，不能算是不忠。卫君杀死他的父亲，卫国

人称颂他的功德,孔子也记下了这件事,不能算是不孝。办大事不能顾小节,行大德用不着谦让,乡里的风俗各有习惯,百官效力的方式也各不相同。所以顾小节而失大体,日后一定有祸患;狐疑犹豫,将来一定后悔。当机立断大胆去干,连鬼神也会回避,将来一定成功,希望您好自为之!"胡亥深深地叹着气说:"现在大行皇帝还没有发丧,丧礼还没有结束,怎么好拿这件事去要求丞相呢!"赵高说:"时间哪时间,紧迫得不容多虑!要象装上干粮骑上快马赶路一样,唯恐耽误了时机!"

　　胡亥同意了赵高的意见。赵高说:"不跟丞相商量,恐怕事情不能成功。请让我替您去和丞相商议这件事。"赵高便去和丞相说:"皇上驾崩;给长子留下了一封诏书,要他到咸阳会合参加丧礼,并立为继承人。诏书还没有发出。如今皇上辞世了,此事没有别人知道。给长子的诏书和御印都在胡亥那儿,确定太子就在您与我赵高口中一句话罢了。这事该怎么办?"李斯说:"您怎么能讲出这种亡国的话!这不是臣子应当议论的事!"赵高说:"您自己盘算一下:您的才能和蒙恬相比怎样?功劳的高低和蒙恬比怎么样?谋略深远而无失算比蒙恬

第八章 摩篇

怎么样？跟天下人没有仇怨比蒙恬怎么样？跟长子故旧情谊而深得信任比蒙恬怎么样？"李斯说："这五样都比不上蒙恬，可是为什么要这样责问我呢？"赵高说："我本来是一个宦官仆役，幸而能够凭着谙习刑狱文书而进入秦宫，管事二十多年，从来没有看到秦王罢免的丞相或功臣有封爵传到第二代的，最终都是被诛杀而死。皇上有二十多个儿子，都是您所了解的。长子刚强而又勇敢，对人信任，善于鼓励士人。他登位一定任用蒙恬作丞相，您恐怕终究不能带着通侯的印信告老还乡，这是显而易见的。我奉命教胡亥学习法律已经好几年了，没有见过他有什么过失。他仁慈厚道，轻钱财而重贤士，心里很聪明，只是口头不善言辞，竭尽礼仪尊贤敬士，秦朝的公子们没有比得上他的，可以立为继承人。希望您考虑决定。"李斯说："您还是守您的本份吧！我遵照主上的遗诏，听从上天的安排，还有什么可考虑决定的？"赵高说："平安可以成为危险，危险也可以转变为平安，一个人不能掌握自己命运安危的关键，怎么能算是聪明人呢？"李斯说："我不过是上蔡街巷的一个平民，蒙皇上圣恩提拔当了丞相，封为通侯，子孙都得到尊贵的地位和丰厚的俸禄，因此把国家存亡安危的重担委托给我，我怎么能辜负皇上呢；忠臣不因为怕死而侥幸生存，孝子不过分勤劳而伤害自身，做臣子的各守职分罢了。请您别再多说。否则将会叫我李斯得罪了。"赵高说："我听说圣明的人应该灵活多变，遵从事物变化的规律而顺应潮流，看到事物发展的苗头就知道事物发展的根本方向，看到事物发展的动向就知道事物发展的最终结果。事物本来的规律就是这样，哪里有一成不变的道理！当今天下的权力和命运掌握在胡亥手中，我能体会他的意向。况且从外部来制服内部就是逆乱，从下面来制服上面就是反叛。所以秋天露寒霜降花草就凋落，春天冰化水流万物就得生长，这是必然的结果。你怎么还意识不到呢？"李斯说；"我听说晋国改换太子，三代不得安宁；齐桓公兄弟争夺君位，哥哥被杀死；商纣杀死亲属，不听劝谏，国家成为废墟、社稷危亡。这三件事都因为违背天意，结果国破家亡。我应当象堂堂正正的人哪，怎么能参与叛逆阴谋！"赵高说："上下齐心，事业可以长久；内外一致，事情就没有差错。您依我的计策，就能长保通候的爵位，世世为侯，一定有王子乔、赤松子那样的长寿，孔丘、墨翟那样的智慧。如今放弃这个机会不干，必将祸及子孙，我实在为您担

第八章 摩篇

心。聪明人是能转祸为福的,您打算怎么决断呢?"李斯仰面对天叹了一口气,流着眼泪叹息道:"唉!我偏偏遭遇这个变乱的时代,既然不能以死效忠,又向何处寄托我的命运呢!"当时李斯就听从赵高了。赵高便回报胡亥说:"我奉太子的命令去通知丞相,丞相李斯敢不遵命!"

于是李斯便参与谋划,伪造始皇给丞相的诏书,立胡亥作太子。更改赐给长子扶苏诏书称;"我巡视天下,向各处各山的神灵祈求延长寿命。现在扶苏和将军蒙恬率几十万军队驻守边疆,已经十多年,不能前进,而士兵伤亡很多,没有一点功劳,反而屡次上书直言诽谤我的措施,因为不能解除监军职务回朝当太子,日夜怨恨。扶苏为子不孝,赐剑自杀;将军蒙恬和扶苏一同在外,不纠正他的过失,应当知道他的谋算。蒙恬做巨子不忠,也赐死,将军队交给副将王离。"将诏书封好,加盖了皇帝的御印,派胡亥的门客捧着诏书到上郡交给扶苏。一使者到达上郡,扶苏知其内容后、就哭着跑进里面的屋子要自杀。蒙恬劝止扶苏说:"皇帝在外巡视。没有确定太子,派我率领三十万大军守边,公子担任监军,这是天下的重任。如今一个使者来,就连杀;怎能

断定他不是假的?希望您再请示一下,经过再次请示而后自杀,也不为迟。"使者连连催他,扶苏为人忠厚,对蒙恬说:"父亲赐儿子死,还要请示什么!"就自杀了。蒙恬不肯死,使者就把他交给狱吏,囚禁在阳周。

使者回来报告,胡亥、李斯、赵高皆大欢喜。回到咸阳,就给始皇发丧,太子继位作了二世皇帝。用赵高为郎中令,经常在宫中侍奉二世。

九、平羌叛乱的虞诩

虞诩,字升卿,生年不详,卒于公元137年,武平(今河南省鹿邑)人。虞诩出生于平民家庭,早年父母双亡,他靠祖父母抚养长大。祖父母是有见识的人,虽然家境贫寒,仍节衣缩食,咬紧牙关供孙子读书识字。虞诩从小聪明懂事,好学上进。贫穷的家庭环境和祖父母对他的期望成了促使他发奋读书、立志成才的强大动力。他求学特别用功,学问、学识进步很快,年纪轻轻就在乡里成为有影响的学子。

虞诩因孝成名,被本县县吏奉为孝孙,再加上他有文化有才学,被举荐为候选官职。后来被安排到太尉李

第八章 摩篇

修府中任郎中。这个差事虽算得上是个小小的官职,但地位卑微,只是管理车、骑、门户,在府内充任侍卫,外出作战随从参战。

公元110年,羌族叛乱,攻掠凉州,北边的匈奴、鲜卑族也不断进入汉族集聚区掠夺袭扰。负责戍边的大将军邓骘想放弃凉州,集中兵力守卫北部边疆,朝廷大臣在弃或保凉州问题上意见不一,但在邓骘的极力坚持下,众臣只好怏怏同意。

虞诩听说此事,深为国家担忧,他地位虽然低微,但忠于职责忠于国家。他觉得只要依靠当地百姓,凉州一定能保住。他明白自己所处的地位是没有资格上朝议政的,因此,只好利用在太尉府中当差的机会,等太尉李修退朝之后晋见太尉。李修还算谦和,他召见了虞诩,并听他阐述自己的意见。诩虞说:"窃闻公卿定策,当弃凉州,以我看来,未见其便。先帝开拓疆土,劬劳后定,而今惮小费,轻易弃之,此一不可也。凉州既弃,三辅暴露,则园陵失去屏障……。谚云,关西出将,关东出相。观凉州习兵壮勇,实过其他州郡,今羌胡所以不敢入据三辅为心腹之患,是以凉州在后之故。凉州士民,所以摧坚折锐,蒙矢石于行阵,父死于前,

子战于后,无返顾之心,是以臣属于汉之故。今若弃其疆域,徙其人民,安土重返,必生异志;倘猝然发难,因天下之饥敝,乘海内之虚弱,豪雄相聚,量才立帅,驱氐、羌为前锋,席卷而东,虽贲育为卒,太公为将,犹恐不足以御之。如此,则函谷以西,园陵旧京,非复汉有,此三不可也。"李修听后,深为感悟,他对虞诩说:"若非汝言,几误国家大事,但欲保凉州,须用何策?"虞诩说:"今凉州扰动,人心不安,应防有它变。如诚使朝中公卿、收罗该州豪杰数人,作为掾属,又引牧守子弟,授为散官;外示激扬,令其感激,内实拘致,防其为非,凉州有何难保!"李修闻言,立即上朝讲奏,朝廷终于推翻邓骘所言,坚持守卫凉州。

因保凉州提议有功,虞诩成了小有影响的人物。后来朝歌(今河南淇县)一带发生农民起义,朝廷派虞诩出任朝歌长。虞诩受命,立即启程去见河内太守马棱,马棱对他说:"你是一位儒生,本应在朝中任职,怎么派你到那混乱的地区?"虞诩却答道:"既然是朝廷的官吏,怎么敢逃避祸患和灾难呢?朝歌是韩、魏郊野,背靠太行山,面临黄河,距敖仓只有百里的路程,青冀人民,流亡数万,那里的叛乱者不知道开仓招众,劫持库

第八章　摩篇

兵，守住城皋，看来他们并没什么远大的眼光和志向，不足为虑。只是目前叛乱者的士气正盛，不可与他交战，希望太守给以宽限，不要逼他们太紧，我自有处理办法。"太守马棱答应了虞诩的要求。

虞诩就任之后，第一个号令就是招募勇壮之士。他根据其品行把壮士分为三等：专行攻劫者为上等，好盗窃者为中等，不务正业者为下等。虞诩命令掾吏以下，各举所知，招到了一百多人。

虞诩把这些有过之人召集到一起，摆下酒宴，先宣布免除其犯过的罪责，在酒足饭饱之后，让他们再回到造反者或盗贼之中，诱使他们出来攻掠和盗窃。虞诩命令军队预伏于特定地点，当叛乱者被引诱到设伏地点之后，立即冲出攻杀，使叛乱者元气大伤，再不敢明目张胆地抢掠攻杀和盗窃了。

虞诩把犯有造反、抢劫、偷盗等罪责的人一一造册登记，然后命裁缝为他们制作衣裳，在衣服上标明犯罪的记号，这些人一出入街市，立即抓拿归案。经过如此惩治，平息了叛乱，压制了盗贼，安抚了平民百姓，使朝歌很快恢复了平静与安宁。

公元115年，羌族叛乱，大败汉军，边疆告急，朝

鬼谷子

廷急需有才能懂军事的人才。西羌已开始进逼武都、汉中。朝中诸将无人请缨。此时，邓太后想起了虞诩，守卫凉州的争议给邓太后留下了深刻印象，她认为虞诩有将帅之才。于是，立即把他擢升为武都太守。

虞诩系身家性命于国之安危，只关心责任，而不计个人利害。在当时的环境，武都已被羌兵所围，从京都洛阳到武都的路上处处都可能遇到羌兵的攻杀。在这种形势下只给头衔而不给兵将就让虞诩去赴任，无异于送他去死。

虞诩临危受命，泰然自若，他带了随从官吏和少量的军队西出洛阳前去赴任了。进至陈仓境内的崤谷，遇到羌兵数千人截击。虞诩立即于阵前发布命令，停止前进，向朝廷请求援兵。此消息传到羌族那里，信以为真，抢了些东西就撤回去了。虞诩乘虚通过崤谷。

在行军路上，随时都可能遇到羌兵的追杀与袭扰，为防不测，虞诩率军急走，日行百里，每到一处安营造饭之时，虞诩即令部下，多造一倍的灶坑，以使羌人以为汉军逐日增兵。此法果然奏效，羌人狐疑不决，不知汉人增加了多少兵马，因此，始终不敢近前。羌兵尽管一路尾追虞诩，但一直到虞诩进了武都城，羌兵也未敢

第八章 摩篇

袭击虞诩。事后,部下不解增灶之用意,前去询问,虞诩说,此乃孙膑增兵减灶的反用。孙膑增兵减灶是以强示弱,我用兵不增而灶增,是使敌误以为武都派兵接应,因此,不敢犯我。

到武都之后,虞诩清点兵马,汉军总数不过三千,而敌军却有万余人。虞诩立即改编汉军,招兵买马。他告示部卒每二十人可购一匹马代为劳役,并针对羌人多为骑兵的特点迅速组建起万余人的骑兵队伍。

虞诩在赤亭遇羌兵万余人的包围。虞诩决定消灭羌人主力。于是,派人出城调兵埋伏于羌兵撤退必经之路。一切布置好之后,在羌兵试探性地进攻时,虞诩示敌以弱,用小弓射敌人,箭未及敌而落地。羌兵以为汉军弱小,于是放大了胆子往前冲。此时,虞诩发令,改用强弩射敌,而且二十弩为一组,同时射向一名敌人,这样,弩无虚发。羌兵遭此打击,怯惧顿生,表现出进退犹豫之状。虞诩当机立断,亲率军队杀出城外。羌兵大败,夺路而逃,汉军一路追杀,势不可挡。羌兵在溃逃中已死伤大半,好不容易逃到黄河边,准备渡河逃跑时,汉军早已按虞诩的布置埋伏于此,伏兵乘羌兵半渡而击之,致使这股羌兵主力几乎全军覆灭。

虞诩在短时间内整顿了汉军,乎息了羌人的叛乱,使武都一带由战乱转入了和平安宁的环境。

一〇、桓公见鬼

"桓公见鬼"说明鬼不过是一种心理幻象,怕鬼只是自己的精神因素。

此典出自《庄子·达生》。

齐桓公在沼泽地里打猎,管仲为他驾车,可是却遇见了鬼。桓公抚摸着管仲的手,问道:"仲父见到什么了吗?"

管仲回答说:"我什么也没见到。"

桓公回宫以后,忧郁成疾,好多天都不上朝。齐国有个叫做皇子告敖的士人对桓公说:"是您自己伤害了自己,鬼哪能伤害您呢?人体内的愤怒之气,消散而不返归于身,就表现为神气不足;气上攻于头而不下降,就使人好发怒;气下降而不上升,就使人善忘;气不上不下,集结在心脏部位,就使人生病。"

桓公说:"那么到底有没有鬼呢?"

回答说:"有。室内有鬼名叫履;灶上有鬼名叫髻;

粪堆上有名叫雷霆的鬼；东北墙下，叫倍阿鲑蠪的鬼；西北墙下，有名叫泆阳的鬼盘踞在那里；水里有鬼叫罔象；丘陵有鬼叫做夔；山上的鬼名叫夔；旷野中叫彷徨的鬼；大泽里有叫委蛇。"

桓公说："请问，委蛇的形状是怎样的？"

皇子说："委蛇，大如车毂，长如车辕，穿紫衣，戴朱帽。那东西最怕听隆隆的车声，一有车声就抱头而站立。见到它的人就快要成霸主了。"

桓公听后满面堆出笑容地说："我见到的正是叫做委蛇的鬼。"

于是整理衣帽与皇子告敖同坐共语，不到一天病也不知不觉就好起来了。

一一、面皮安放

寓言借眉、眼、口、鼻争位置高下，辛辣地嘲讽了争权夺利。

此典出自《醉翁谈录》。

眉毛、眼睛、嘴巴、鼻子四种器官，都有神灵。

一天，嘴巴对鼻子说："你有什么本事，位置竟然

处在我的上方？"

鼻子说："我能辨别香臭，而后你才可以吃食，因此我的位置处在你的上方。"

鼻子又对眼睛说："你又有什么本领，位置却处在我的上方呢？"

眼睛说："我能观察美丑，能看东西，功劳不小，所以应该处在你的上方。"

鼻子又说："如果是这样，那么眉毛有什么能力，也处在我的上方呢？"

眉毛说："是呀，我也不知道和各位怎么争来了这么个位置，我如果放在眼睛鼻子的下方，不知道你这一张皮，要放在哪里？"

一二、华屋山丘

"华屋山丘"意在慨叹人生生死莫定，世事变化无常。

此典出自《晋书·谢安传》。

晋朝谢安是一位学问渊博、才智很高的名士，很讲义气重感情，诗文在当时非常有名且受到人们的赞赏。

谢安有一个外甥，名叫羊昙，非常聪明，谢安非常疼他，而羊昙也对这位舅父格外敬重，两人之间的感情也和父子一样。后来谢安死了，羊昙非常悲痛。因为谢安的坟墓是在西门，所以羊昙从此不走西门那条路，如果有事情要出去西门时，总是绕弯从其他地方进出，因为恐怕看见舅父的坟墓，心里伤心。有一天他喝醉了酒，误走到西门，于是大哭起来，拿着马鞭敲着城门高声叫道："生存华屋处，零落归山丘"。

一三、华阳隐居

"华阳隐居"比喻超脱尘世，置身物外。

此典出自《梁书·陶弘景传》。

陶弘景（公元456～536年），南朝人，字通明。曾帮助梁武帝萧衍（公元464～549年）推翻齐朝，建立梁朝，参与朝廷机密大事，被人称作"山中宰相"。

在齐朝时，陶弘景也很受朝廷器重，身任诸位王子的侍读，举足轻重。然而，他却闭门读书，不与他人交往。齐武帝永明十年（公元492年），陶弘景上表辞官，得到皇上的准许。临行时，公卿大臣都出来送行，盛况

空前。

辞官后,陶弘景来到句容县(在今江苏省)的句曲山隐居。他总是说:"这座山下是道家的第八洞宫,名叫金坛华阳之天,方圆一百五十里。从前,汉代咸阳的茅盈和弟弟茅固、茅衷三人成仙得道,居住在这里,所以当地人将山改名为茅山。"于是,他在山中修建馆舍,居住下来,自称为"华阳隐居"。

一四、居安思危

在享受安逸快乐的时候,应该想到一些危险的事情;也就是在看到事情有利方面的时候,要想到一些不利或困难的情况。

此典出自《尚书·说命中》:"惟事事,乃其有备,有备无患。"

春秋时代,各国互相攻伐,几乎没有安宁的日子,史称战国。当时郑国要出兵侵犯宋国,引起晋、鲁、卫……等十一个国家的不满,派出军队围住了郑国都城,逼迫郑国退兵,郑国被迫和那十一个国家签订和好盟约。楚国(当时被中原的国家认做野蛮的地方)见郑国与这些国家和好了,便向秦国借兵攻打郑国,郑国又对楚国表示降服。这样一来,中原十二国认为郑国背弃了盟约行为,便共同出兵攻打它。

郑国首先请求较强大的晋国同意讲和,晋国答应了郑国的要求;并转告其他国家也这样做了。郑国感谢晋国的帮助和支持,送给晋国许多兵车、乐器和乐师、歌女。晋王把歌女的一半分送给他的功臣魏绛。魏绛不肯接受晋王的赏赐,说:"现在你能够团结和统率许多国家,这是你的能耐和大家的功劳;我并没有做出什么贡献。不过,我很希望你在享受快乐的时候,能够想到国家未来的许多事情。听人说:'居安思危,思则有备,有备无患。'我谨以这个道理来劝你。"

一五、猛虎不如群狐

"猛虎不如群狐"比喻一个集体的力量,强于任何个人。

此典出自《晋书·王镇恶传》:"语曰:'猛兽不如群狐。'卿等十余人何惧王镇恶?"

南北朝时,南宋皇帝刘裕带领一大批将领北伐,所

向无敌,一直打到洛阳,大将王镇恶的功劳最大。王镇恶是前秦丞相王猛的儿子,智能双全,在北方有很多亲朋故友。刘裕正顺利进军、眼看可以统一中国时,突然得知朝廷发生了重大的事情,必须要他亲自去处理,无奈,他只好把统帅大权交给儿子,自己赶回朝廷。这时,大将沈田子劝告刘裕说:"你最好把王镇恶带走,你儿子控制不了他,他是一只猛虎,在北方根基深厚。如果他一叛变那就糟糕了!"刘裕说:"正因为他是一只猛虎,我才要把他留下来抗击敌人。你们十几员大将都是我的心腹,有你们在,还怕什么王镇恶叛变?俗话说'猛虎不如群狐'嘛!你们注意些就行了。"说完,刘裕就回京去了。

后来,王镇恶真的没有叛变的意图,倒是沈田子等人时刻防范王镇恶,给他"穿小鞋",终于害死了王镇恶,使整个北伐大军遭到惨败,沈田子等人也阵亡了。

一六、欺以其方

"欺以其方"比喻坏人用合乎情理的方法欺骗别人。

此典出自《孟子·万章上》:"故君子可欺以其方,

难罔以非其道。"

春秋时代，郑国贤相公孙侨，字子产。一次，有人送给他一条活鱼。子产就让管理池塘的人把鱼养到池塘里。管理池塘的人把鱼煮熟吃掉后，向子产报告说："把那条鱼刚放到水里的时候，它还不够活跃；过了一会儿，它就摇头摆尾地游动起来。然后，很快地游向水的深处，再也看不见了。"子产听了这番话之后，高兴地说："鱼儿到了好地方啊！鱼儿到了好地方啊！"管理池塘的人暗暗得意，离开子产之后，就对别人说："谁说子产聪明？我已经把鱼吃掉了，他还说'鱼儿得到了好地方啊！鱼儿得到了好地方啊！'"

一七、火烧博望坡

刘备三顾茅庐请出卧龙先生诸葛亮后，对敬重不已，拜他为军师，每有军机大事，必定向他求教；然后再作决定。刘备常常对关羽、张飞二人说："我得了孔明，犹如鱼儿得了水"。当时诸葛亮还未曾参与过战事，关、张二人并不知道他的盖世奇才，只当他是区区一介书生，所以对他很不服气。

鬼谷子

有一天,正好有探马来报告,说是夏侯惇率领10万曹军正向刘备驻军的新野杀来。张飞对关羽说:"既然大哥信赖诸葛亮,这次就让他去迎击曹军好了。我正要看看究竟这位书生有多大能耐呢."对关、张二人的心思,诸葛亮早有觉察。他担心诸将不听从他的指挥,一破敌"良策无从实施,便对刘备说:"主公真要让我率军破敌,就请赐我尚方宝剑,允许我对不听指挥的将领先斩后奏。"刘备答应了。

诸葛亮有了尚方宝剑后,便召集诸将前来听令。众将到齐后,诸葛亮开始调兵遣将起来,他下令."关羽领兵1000人埋伏在博望城左边的豫山,敌人到时,不要同他们交战,放过来就行了,等南边起了火,就立即烧掉敌人的粮草辎重。张飞领兵1000人去城右边安林后的山谷中埋伏,看到火起,便去博望城中放火烧敌人的屯粮仓库。关乎、刘封二人率领6500人马,到博望坡后两边等候,敌军一到便放火。赵云领兵前去正面迎敌,只准输,不许赢。主公亲领1000人马作赵将军后援。诸将听清楚,不得有误。"

关羽见诸葛亮连刘备都派上任务了,唯独他自己无事可干,便问:"那么军师您干些什么呢?"诸葛亮答

第八章 摩篇

道:"我一介书生,不能上阵,只好坐守新野县城了。"张飞听后;不满地说:"军师倒挺自在,光让我们去厮杀。"诸葛亮正色说道:"尚方宝剑在此;违令者斩无赦!"张飞无奈,只好领命而去。几位将领对诸葛亮的安排都不太理解,但慑于尚方宝剑,便都按照命令去布置了。

众人离开后,诸葛亮又吩咐刘备立即带兵去博望坡驻扎,等明日黄昏曹军到来后,先弃营而逃,见火起再杀回去。他又令孙乾、简雍二人准备庆功筵、记功簿,一专等诸将打胜仗回来。仗还没打便准备庆功,这倒让刘备也疑惑不解起来,但大战在即,他也不好再说什么。

夏侯惇和于禁率领曹军到了博望,留下一半人马看守粮草,在后面慢行。自己则带了另一半人马向前急行军。不一会,曹军同赵云率领的1000人遭遇了。夏侯惇见赵云的人马队伍零乱,旗帜不整,便暗暗嘲笑诸葛亮不会用兵,定以这样的部队作前锋;赵云拍马来战夏侯惇,刚打了几回合,便诈败而逃。夏侯惇指挥官军紧紧追杀。追了一会儿,赵云回马再战,然后又败去。

曹将韩浩似乎看出了赵云是诈败而逃,便提醒夏侯

惇说：" 赵云可能是伴败，想引诱我们进入埋伏圈。"夏侯惇满不在乎地说："敌人军容不整，即使有十面埋伏，也不用害怕。"官军继续追击，不一会便来到了博望坡。忽听一声炮响，刘备率军杀了过来。夏侯惇见刘备的人马不多，便引军来战，刘备、赵云假装抵敌不过，急忙又逃。渐渐地，天色已晚，天上阴云密布，风也越来越大。夏侯惇领兵一路追杀，却发现道路越来越窄；两边树木丛杂，野草遍地。

于禁看见这种情景，心中一惊，急忙对夏侯惇说："赶紧停止追击，当心敌人纵火烧山！"夏侯惇也突然明白过来了，当即命令撤退。只听喊杀声大起，关平、刘封已率部到处放起火来，风助火势，很快，四面八方都是烈焰熊熊了。曹军大乱，争相逃命，自相践踏，死伤无数。刘备、赵云趁机回军掩杀；曹军溃败；

就在夏侯惇惊被困博望坡的同时，张飞领兵放火焚烧了曹军的粮草，关羽又攻取了博望城。夏侯惇杀出重围后，见无路可逃，便收拾起残军。狼狈地回到了许昌。

博望坡一战后，诸将尤其是关羽、张飞二人终于领略了诸葛亮的神机妙算，从此后对他备加敬重。

第八章 摩篇

一八、诸葛亮取汉中

三国时,刘备进攻汉中一带,曹操亲自率领大军前来防御,两军在汉水两岸隔河相对。诸葛亮仔细观察了地势,见汉水上游,有一片丘陵地带,可埋伏1000余人,他回到军营中,对赵云说:"将军可以带领500人,携带战鼓号角,埋伏在上游的丘陵地带。只要听到我军炮响,你们就可以擂鼓吹号,但不要出击敌人。"赵云遵命带兵埋伏去了。

第二天,曹军前来挑战,蜀军却闭营不出,连弓箭也不放,任凭曹军叫骂。曹军见蜀军不出战,只好撤回。晚上,诸葛亮见曹军大营灯灭人歇,便下令放响号炮。赵云听见炮声,立即下令擂鼓鸣号。曹军忽听外面鼓角齐鸣,以为是蜀军前来劫营,连忙集合队伍准备应战,却看不见一个蜀军人影。

折腾了半天,刚准备回营休息,岂料一声炮响后,鼓角再鸣,蜀军呐喊声震天动地。曹军不敢休息,通宵未眠。此后,一连三个晚上,蜀军用这种方法搅得敌军疲惫不堪。曹操心中有些发慌,便令曹军后退30里扎

营。诸葛亮于是请刘备亲自渡过汉水,在水边扎下营寨,并嘱咐他如此这般依计行事。

第二天,曹操见刘备背水扎营,不由得大喜,便指挥曹军前来进攻。蜀军派刘封出阵挑战,曹将徐晃拍马上前同他交手。两人没战几个回合,刘封抵敌不过,拨马便逃。曹操立即指挥大军掩杀过来。蜀军逃到水边,丢下刚扎起的大营,并将粮草军器散落满地。曹军见状,停住追击,纷纷争先恐后地拾取蜀军丢弃的东西,阵脚立即乱了起来。

曹操知道中计了,急忙下令鸣金收兵,但蜀军已经不失时机地杀了回来。早就埋伏好的赵云、黄忠也从两边杀出,曹军大败而逃,蜀军在后面连夜追赶。曹操想逃回南郑城,不料到了城下,却见城头上飘满了蜀军的旗帜,原来张飞、魏延二将早已率部攻取了南郑。曹操愈加慌乱,急忙领兵逃往阳平关。

诸葛亮命令张飞、魏延去截断曹操的粮道,又吩咐赵云、黄忠兵分两路去放火烧山。曹操退守阳平关后,派探子出去打听蜀军的消息。探子回来报告说,蜀军已经堵截了远近小路,并且放火烧光了山上的柴草。过了一会儿,又有探子报告,张飞、魏延已经把粮草劫去

第八章 摩篇

了。曹操听后大惊失色,曹军的粮草供给断了!他知道拖延不是计,便领军出了阳平关,想同蜀军速战速决。两军交锋不久,蜀军便又败退,曹操求胜心切,便指挥大军不顾一切地追杀过去。突然蜀营中又鼓角齐鸣,曹操一惊,怕有埋伏,连忙下令后退。曹军上次吃了大亏,现在又听蜀营呐喊声声,便惊慌失措,自相践踏,死伤很多。

曹操率军退回阳平关不久,蜀军追兵便来到了城下。蜀军并不急于攻城,而是到处放火,又是擂鼓又是鸣号,而且喊杀声不断。曹操已如惊弓之鸟,坐立不安。他最后决定弃城出逃,蜀军又一路追杀。曹操逃到斜谷界口,见蜀军又跟杀过来了,只好勉强出战。魏延见曹操出营了,便张弓搭箭,一箭将他射伤。曹操再不敢恋战,只好放弃斜谷界口逃命。汉中从此落入刘备之手。

一九、刘备识人

马良的弟弟马谡,字幼常,以荆州从事的身份跟随刘备进人蜀地,被任为绵竹、成都县令,越嶲太守。他

的才智超人,喜欢谈论军事谋略,丞相诸葛亮特别器重他。刘备临终时对诸葛亮说:"马谡言过其实,不可重用。你要好好考察他。"诸葛亮还认为马谡不是这样的人,任命马谡为参军,每次接见他谈话,从白天一直谈到黑夜。

建兴六年(公元257年),诸葛亮向祁山进军,当时有颇具丰富作战经验的老将魏延、吴壹等人,大家都说应该以他们为先锋,而诸葛亮违背众人意见提拔马谡,让他统率大军在前,与魏国将领张郃交战于街亭,结果被张郃击败,士兵离散。诸葛亮进军没有了依托,只得退兵返回汉中。马谡下狱而死,诸葛亮因此而伤心流泪。马良死时年仅三十六岁,马谡死时三十九岁。

二〇、做贼心虚

"做贼心虚"指出了"为盗者"一个致命弱点,说明一个人只要做了见不得人的事,总是不能够理直气壮。

此典出自《梦溪笔谈·权智》。

第八章 摩篇

枢密直学士陈述古任建州城知县时，有人丢了东西，后来抓到了一些人，但却弄不清哪个人是真正的盗贼。于是陈述古骗他们说："某某庙里有一口钟，能辨认盗贼，特别灵验。"他派人把那口钟抬到官署后阁，祭祀起来，把这一群囚犯带到钟前，对他们说："没有偷东西的人，摸这口钟，它不响，偷了东西的人一摸它，钟就会发出声响。"述古亲自率领他的同僚，在钟前很恭敬地祈祷。祭祀完毕后，用帐子把钟围起来，并暗地里派人把墨汁涂在钟上，过了很久，钟涂好以后，带领被捕的犯人一个个让他们把手伸进帷帐里去摸钟，出来就查看他们的手，发现都有墨汁，只有一个人的手上没有墨汁。述古对这个人进行审讯，于是他才承认自己是盗贼。原来这个人是害怕钟响，没敢去摸钟。

二一、不受一钱

"不受一钱"形容为官清正廉洁。

此典出自《晋书·邓攸传》："郡常有送迎钱数百万，攸去郡，不受一钱。百姓数千人留牵攸船，不得进，攸乃小停，夜中发去。"

鬼谷子

邓攸（公元？～326年），字伯道，晋代平阳襄陵（今山西襄汾）人，西晋时曾任河东太守。西晋末年，朝廷内讧，爆发了八王之乱。晋怀帝（司马炽）永嘉年间（公元307～312年），石勒（公元274～333年，羯族，上党武乡人，字世龙，东晋列国后赵的创造者）消灭东海王司马越全军，攻克陷洛阳城，邓攸当了俘虏。石勒欣赏邓攸的才能，就任用他为参军，让邓攸跟着他东征西战。邓攸乘机带着妻子儿女逃跑，又遭到贼人劫掠，失去牛马，只好扔掉自己的亲生儿子，只带着妻子和侄子邓绥逃亡。后来经友人推荐，得到晋元帝（司马睿）的任用。

晋元帝任邓攸为太子中庶子。当时，吴郡太守缺额，许多人都想去担任这个职务，晋元帝都没有答应，结果却把吴郡太守的职位授给邓攸。邓攸自己带着粮米到郡上任，不肯接受俸禄，只饮用吴郡的水而已。当时吴郡闹饥荒，邓攸上奏请求赈济灾民，还没有得到恩准，就自行开仓放粮，救济百姓。朝廷派遣散骑常侍桓彝、虞馟慰劳饥民，考察邓攸的政事得失、好坏。这两个使者弹劾邓攸擅自开仓放粮。不久，皇帝有诏令下达，谅情而宽赦其罪。邓攸在吴郡任太守期间，清正廉

第八章 摩篇

明,百姓欢悦。后来,邓攸自称身体有病,就辞去太守的官职。郡府里常有用于迎送的金钱几百万,邓攸离职时,不肯接受一文钱。他离开吴郡时,数千名老百姓拉住邓攸乘坐的船,苦苦地哀求他留下来,使他的船无法行进,于是邓攸只好留下来又呆了一段时间,到晚上才乘船离去。

二二、为虎作伥

"为虎作伥"意思是引诱、帮助坏人做坏事。

此典出自《北梦琐言逸闻》:"凡死于虎,溺于水之鬼号为伥,须得一人代之。"

古时有这样一则传说:有一只老虎,正在茂密的森林里寻找食物,忽然碰见一个人,就一口咬死了这个人,然后把这个人身上的肉吃光了。老虎虽然把这人当做了鲜美的食物,痛快地吃了一顿,可是却还不准这人的灵魂离开他,一定要让这个人再找一个人给它吃,才可以获得自由。于是这灵魂就引着老虎到处去找第二个人。不久,找到第二个人,这时候,那灵魂便走上前去把那个人的衣服脱掉,又把带子解开,让老虎轻而易举

 鬼谷子

地吃掉赤裸裸的人身。那帮助老虎干这种吃人勾当的灵魂，叫做"伥鬼"，也叫"虎伥"。

二三、无中生有

"无中生有"本是哲学思想用语，含有事物可以互相转化的朴素辩证思想。后来，引申为凭空捏造。

此典出自《老子》第四十章："天下万物生于有，有生于无。"

《老子》第四十章是老子的宇宙论。他指出了道（宇宙本体）的两个特点：第一是循环运行，第二是行动柔和。又指出，宇宙的形成过程是：道生天地，天地生万物。老子指出：循环往复，是道（宇宙本体）的运动，柔弱是道的运用。天下万物生于有形体的天地，有形体的天地生于无形体的道。

摩篇第三

其①摩者：有以平，有以正，有以喜，有以怒②，有以名，有以行，有以廉，有以信，有以利，有以卑。

平者，静也③，正者，直也④，喜者，悦也，怒者，动也，名者，发也，行者，成也，廉者，洁也，信者，明也，利者，求也，卑者，谄也。

故圣人所以独用者，众人皆有之，然无成功者，其用之非也。故谋莫难于周密⑤，说⑥莫难于悉听⑦，事莫难于必成；此三者⑧，唯圣人然后能任之。

【注释】

①其：别本无"其"字。

②有以喜，有以怒：喜即欣喜，怒即激怒。这是情感方式。

③平者，静也：态度上平心静气。

④正者,直也:正中就是语言上要辞直义正。嘉庆本"直"作"宜"。

⑤周密:周全,谨密。指思维镇密,没有疏漏。

⑥说:游说。

⑦悉听:全部接受,不会生疑。陶弘景注:"说不悉听则违顺而生疑。"

⑧此三者:指谋而周密、说而悉听、事而必成三者。

【译文】

在运用揣摩之术时,对不同对象采用不同方法,有的用平和,有的用正直,有用使人高兴的,有用愤怒激将的,有用名声引诱的,有用行为逼迫的,有用廉洁感化的,有用信义说服的,有用利益诱惑的,有用谦卑对待的。

平和就是安静,正直就是刚正直率,讨好就是喜悦,愤怒就是恫吓,名声就是全誉,行为就是成功,廉洁就是清高,信义就是光明正大,利益就是追求,谦卑就是诌媚。

所以说,圣人所独自运用的"触摩之术",众人都运用,然而众人都不能成功,那是由于他们运用得不正确。运用谋略最难做到的是周密详细，游说最难做到的是使对方全部听从自己的意见，做事最难达到的是一定成功。这三件事，只有掌握了触摩术的圣人才能做到。

【感悟】

人有七情六欲，而七情六欲总会以一定形式反应出来。以喜怒哀乐，名利廉信去触探他人的内心世界而看其如何反应，就可以了解这个人，进而采取相应的策略影响或控制他。

【故事】

一、宾媚人求晋

晋军追赶齐军，从兵舆进入齐国，攻打马陉。

齐侯派遣宾媚人用纪、玉馨和土地贿赂战胜诸国说："晋国等国如果不同意媾和，就随他们去吧，我们决定作最后一战。宾媚人赠送财礼。晋国人郤克表示不同意，说："一定要让萧同叔子做人质，并且让齐国境内的田陇都向东。"宾媚人回答说："萧同叔子不是一般的人，是我们国君的母亲。如果从对等地位而说，那么她也是晋国国君的母亲。郤克您在诸侯中发布重大命

鬼谷子

令,说一定要把齐侯的母亲当作人质,以此取得信任,您又打算怎么对待周王的命令呢?况且这是以不孝来号令诸侯。

'孝子的孝心没有尽头,可以永远赐给你的同类。'如果用不孝来号令诸侯,这难道是道德的准则吗?先王对天下的土地划分疆界,因地制宜,作有利的布置。所以《诗经》说:'我划定疆界,划分地理,向东向南开辟田地。'现在您让诸侯划定疆界,划分地里,却说只是'把全部田陇改向东'罢了,只考虑自己的兵车东进的方便,而不顾地势是否适宜,这恐怕不是先王的政令吧?违背先王就是不讲道义,这样怎么能当盟主呢?晋国确实有过错。四王统一天下,树立德行,满足诸侯的共同要求;五伯做霸主时,自己勤劳而安抚诸侯,让他们服从天王的命令。现在您要求会合诸侯,来满足自己没有止境的欲望,'政事执行得宽大和缓,各种福禄都将积聚。'您不宽大,丢掉了各种福禄,这对诸侯有什么害处呢?如果不这样,我们的国君命令我们使臣就有话可说了。'您带领国君的军队到敝邑,敝邑用很少的财富犒劳您的随从,害怕你们国君的愤怒,军队战败。您惠临而请求齐国的福佑,不灭亡我们的国家,让我们

第八章 摩篇

两国继续过去的友好,那么先君的破旧器物和土地我们是不敢爱惜的。您如果又不同意,我们就请求收拾残兵败将,背靠自己的城墙同你们再决一死战。我们即使侥幸获胜,也会依从你们的,况且因不幸而再次失败,岂敢不唯命是听?"鲁、卫两国向郤克劝谏说:"齐国怨恨我们了,他们死去和溃败的,都是宗族亲戚。您如果不答应他们,一定会更加仇恨我们。即使是您,又还有什么可追求的呢?如果您得到他们的国宝,我们得到土地,祸难也因此得以宽解,这是很光荣的了!齐国和晋国都是上天授与的,难道只有晋国一国吗?"晋国于是答应了齐国人的媾和条件,回答说:"下臣们率领战车,来为鲁国、卫国请求。如果有话可以答复我们国君的命令,这就是国君的恩惠了。怎么敢不唯命是听?"

二、魏绛和戎之策

春秋时期,诸侯各国互相攻伐,战事不休。晋、楚两个大国为争夺中原地区的霸权,更是经常发生冲突。晋厉公在位时,由于沉迷酒色,信任奸臣,随意杀害大臣,搞得晋国民心不稳,内乱不断。因此,楚国的势力

鬼谷子

渐渐占了上风。

公元前573年，晋大夫栾书、中行偃发动政变，杀死暴君厉公，并把住在国外的公子姬周接回国，拥他为国君，称晋悼公。悼公年轻有为，举贤任能，革新朝政，节用民力，晋国又开始逐渐兴盛起来。

当时，晋国北方散居着许多少数民族游牧部落，他们被统称为戎狄，经常出兵侵扰晋国边境地区。公元前569年，无终部落的首领嘉父派使者孟乐带着贵重的礼品来找晋大夫魏绛，托他引见悼公，请求晋国与诸戎结盟讲和。魏绛表示同意。魏绛面见晋悼公说明此事后，悼公不同意。悼公对魏绛说："戎狄贪而无亲，只能靠武力解决。"魏绛劝谏说："现在中原地区的兄弟国家经常受楚国欺凌，往往被迫屈服，他们盼望着晋国去援助。如果我们对戎狄用兵，万一中原有事，怎么还有力量去对付呢？"晋悼公觉得有道理，就采纳了魏绛的意见，并且派他主管"和戎"事务。魏绛亲自带着使命到北方戎狄各部去，与诸戎缔结了互不侵犯的盟约。从此，晋国基本上解除了后顾之忧，力量更加强大了。

当时的郑国，虽然是和晋同姓的兄弟国家，但由于楚国一再出兵攻打，无力抵御，只好背晋投楚。晋悼公

第八章 摩篇

非常恼火,决定会合宋、卫、齐、曹等十二国军队对郑用兵,以示惩戒。公元前 562 年 9 月,诸侯联军直逼郑都新郑东门。郑简公感到十分恐慌,马上派王子伯骈去诸侯营中请罪求和。晋悼公同意讲和。为了表示谢罪,郑简公给晋悼公送去了许多礼物,其中有三个著名的乐师、十六个歌伎,还有一批珍贵的乐器。

晋悼公感到十分高兴,他想起了魏绛和戎的功劳,决定把郑国送来的礼物分出一半,赏赐给魏绛。魏绛听后,谦逊地说:"这完全是君王的威德和各位大臣的功劳。古书上说:'居安思危'。能思就会有备,有备可以无患。君王如果能够牢牢记住,就可以永远享受今天这样的欢乐了!"

三、苏秦慧眼识英雄

战国时期苏秦慧眼识英雄,看到了张仪的才能,想要和他一同联合抗秦,就想到了能激发出张仪才能的计谋。

有一天,楚相大会宾客,张仪也在邀请之列。但是在宴会结束以后,楚相身上佩带的玉壁不见了。当时很

多人都对楚相说,张仪贫穷而没有品德,一定是张仪把玉璧偷走了。楚相让武士捉住张仪审问,张仪不承认偷了玉璧。楚相就命令打了张仪几百竹板,逼迫张仪承认。但是张仪坚决地说没有偷,拒绝承认。尽管没有审问出来,但是这件事之后也使张仪没有脸面再在楚相那里做门客了。他回到家里,妻子看到他被羞辱的样子对他说:你如果不去读书,游说你那什么学说,在家里好好做普通百姓,怎么会遭到这样的侮辱呢!张仪摇了摇头不以为然,他对妻子说:你看看我的舌头还在吗?妻子笑着回答:舌头当然还在,不然你怎么吃饭呢。张仪说:舌头在就足够了,我的舌头不是用来吃饭的,是用来建功立业的。

　　当时张仪的同学苏秦已经做了燕国的宰相,正在赵国做赵王的工作,希望他赞成自己的主张,合纵抗秦。但是,苏秦又担心他做好了诸侯的工作,而诸侯又顶不住秦国的诱惑,使他前功尽弃。他想了一个办法,派一个自己的人到秦国去做内应,阻止秦国与其他国家结盟,帮助他完成合纵大业。他想到了才学远在他之上的张仪。他相信,以张仪的才学,如果现在到正当用人之际的秦国去,一定会得到重用。但是他又了解张仪的孤

第八章 摩篇

傲秉性,如果不用激将的办法,很难让他激发自己。他就派人隐藏身份去找张仪说:你以前与苏秦是同学,他现在已经在赵国做了大官,你何苦还这样将自己埋没在乡野里,不去他那里谋取个一官半职,好实现自己的抱负。张仪听了来人的话觉得也有道理,自己与苏秦一向交好,苏秦现在闻名于诸侯,而且自己也不是不学无术之辈,相信张仪会重用自己的。他满怀希望与信心,前往赵国的都城邯郸,递上名贴求见苏秦。他相信苏秦见了名贴就会立即约见自己的,毕竟同窗好友多年不见了。不料,一晃几天过去了,苏秦一直没有约见张仪,几次问张仪的门人,都说是苏秦忙于公务,无暇会见他。又过了几天,张仪实在忍无可忍,心想,同窗好友来见竟然慢待如此,足见出自己在苏秦眼中的地位有多么卑贱了。将近十天以后,就在张仪心灰意冷要离开的时候,苏秦召见他了。更令他生气的是,他没有受到宾客的礼遇,而是让他坐在堂下,赏给他下人吃的饭食,苏秦并傲慢地训斥他说:像你这样有才能的人,竟然把自己弄到这种穷困潦倒的地步,我虽然能够举荐你做官而富贵,但是你能够做好吗?你到其他的国家去吧,我这里是不会收留你这样的人的。苏秦说完就拂袖而去了。

张仪的自尊心受到极大的伤害,他自信自己的才能决不比苏秦差,你苏秦能够做到赵国的宰相,致力于把六个弱小的国家团结起来对付秦国,那么我就去投奔你的敌人秦国,与你针锋相对,辅助秦王一统天下,到时候再看我们鹿死谁手!

张仪本来是魏国人,但是他献给秦国的第一个功劳是在秦惠王十年与公子华一起率兵围困魏国的蒲阳。守军投降,张仪反而劝说秦惠王不要蒲阳,并派公子到魏国做人质以示秦国决心与魏国修好,以拉拢魏国。然后张仪又到魏国劝说魏王,人家秦国攻占了你的蒲阳而不取,反而来与你修好,你总得有所表示吧?在魏王看来,张仪是魏国人,他的计谋一定会对魏国有利的,他总不会做对不起魏国的事情。魏国就把战略位置更重要的上郡、少梁献给了秦国。秦国以一个魏国的小小的蒲阳换取了两个更重要的城市,而且还让魏国感谢,被魏国视为友好的国家,这样的好事有谁能做得出来?秦惠王十分钦佩张仪的才能,任命张仪为相国。

做了几年相国以后,张仪又担任将军,攻取了一些重要的城池和战略要地,使得秦国的边关日趋稳固。这个时候,张仪想着该是动手瓦解苏秦的合纵,让诸侯归

第八章 摩篇

附秦国的时候了。他请求免掉相国之位，为了秦国的利益到魏国担任宰相，他要劝说魏王带头归顺秦国。

张仪被魏王任命为相国以后，张仪就奉劝魏王归顺秦国。但是魏王没有采纳他的意见。张仪就指使秦国派兵攻打魏国，并夺取了魏国的两个城池。后来魏襄王去世，魏哀王即位，张仪依然奉劝他归顺秦国，魏哀王仍旧不听他的建议。张仪因而又密令秦国继续攻打魏国，魏国又被秦国打败。

次年，魏国遭到了齐国的入侵，魏国大败。在这个时候，张仪感觉到有机可乘了。他就劝说魏王，合纵的盟约即将瓦解了，齐国作为合纵的盟友都来攻击魏国，以魏国疆域之狭小，兵力之疲弱，现在如果不投靠秦国，将来永远没有机会了。魏哀王听从了张仪的劝告，决定背弃合纵盟约，归顺秦国，使得苏秦苦心经营建立起来的合纵盟约拉开了瓦解的序幕。

四、蔡泽雄辩范雎

蔡泽被赵国驱逐，逃亡到韩、魏，途中又被人抢走炊具。正落寞之时，听说秦相应侯范雎任用郑安平、王

鬼谷子

稽，可是后来两人都犯下了重罪，以致使范雎内心惭愧不已。蔡泽便决定西行入秦，去拜见秦昭王，事先故意对人发出豪语，以激怒范雎："燕国大纵横家蔡泽，乃是天下雄辩豪杰之士。只要他一见到秦王，秦王必定任命他为相国，替代范雎的地位。"

范雎听说之后，就派人找来蔡泽，蔡泽见范雎，并未行礼只是拱了拱手，致使范雎很不高兴，谈吐之间蔡泽更是倨傲无礼，此时更是火上添油，于是责问他说："你曾扬言，你将取代我的秦国相国职位，有没有这回事呢？"蔡泽回答说："有。"范雎说："那我倒愿意听听是什么道理？"蔡泽说："唉，阁下为什么这样见识迟钝呢！即使是四季的转移，也是本着'功成身退'的自然法则。一个人活在世界上，手脚都很健康，耳朵也很灵敏，眼睛也很明亮，内心像圣人一样贤智，这不是每个人殷切期望吗？"范雎说："是的。"蔡泽说："以仁为礼，以义为则，施恩德于天下，天下人都会由于感恩而崇拜他，并且都希望拥护他为君王，这不也都是雄辩家殷切期望的吗？"范雎说："是的。"

蔡泽又说："既富且贵，善治万事，使每个人都能享尽天年，每个人都不致夭折。天下人民都能继承他们

第八章 摩篇

的传统,维护他们的业绩,传给无穷的后代,名实兼而有之,恩泽流传万年,受人永远赞美,和天地同其始终,虽说这不是施仁义的结果,不也是圣人所说的吉祥善事吗?"范雎说:"是的。"蔡泽说:"例如秦国的商鞅、楚国的吴起、越国的文种,他们最后也都完成了他们愿望了吗?"

范雎知道蔡泽是为了要使自己陷于窘境,于是就这一点回答说:"为什么不可以?说起商鞅臣事秦孝公,终身尽忠,绝无二心,公而忘私,赏罚分明,秦国大治,竭尽智能,表露赤心,然而却招致秦国人的怨恨和责怪,他为秦国而欺骗老朋友,俘虏魏公子卬,最后终于为秦国擒获魏将而大破魏军,扩充疆土达1000里之多。吴起臣事楚悼王,绝对不以私损公,更不用逸言来隐蔽忠节,每当遇到应行的大事,就不顾毁誉,一心想要使君王成就霸业,国家富强,而且不畏一切灾祸和邪恶势力。大夫文种,臣事越王勾践,当君主陷于困辱惨境时,他忠心爱主而不懈怠,君王虽然被敌人俘虏,仍然竭诚尽智没有背弃国家,而且不夸耀自己的功劳,即使富贵也不骄傲。像以上这三位忠臣,可以说是义行极致和忠贞的典范。所以君子总是牺牲性命来完成名节,

只要是大义所在,虽然牺牲生命也无所懊悔,为什么不可以呢?"

蔡泽说:"君主圣明,这是国家之福。父亲慈爱,儿子孝顺,丈夫讲信义,妻子有贞节,这是国家之福。然而比干忠君爱国,却不能维护殷朝的存在,伍子胥虽然贤能,却不能使吴国保存不灭,申生虽然孝顺,而晋国仍然不能避免内乱。这就是虽然有忠臣孝子,国家仍然不免灭亡骚乱,这是什么道理呢?主要是没有明君、贤父来采纳的缘故。所以天下因为父不仁不义而蒙羞,臣子也因此而难免受其害。假如一定等到死才能尽忠成名,恐怕就连微子也不足成为仁人,孔子也不足成为圣人,管仲也不足以成为伟人。"这时范睢认为蔡泽的话很对。

蔡泽略为停一会接着说:"商鞅、吴起、文种,他们为人臣能够尽忠立功,这都是出于他们的心愿。闳夭大臣事周文王,周公辅佐周成王,难道不是尽忠吗?然而就君臣而论,商鞅和吴起、文种等人,当然还不如闳夭、周公。"蔡泽说:"然而阁下服务的君主与秦孝公、楚悼王、越王勾践相比,究竟谁更慈爱而又信任忠臣、不欺凌故旧呢?"范睢说:"不知道。"

第八章　摩篇

蔡泽说："当然，阁下的君主并不像秦孝公、越王勾践、楚悼王那样亲信忠臣。而阁下事奉君主，在平定内乱、消除祸患、排除困难、扩充、疆土、发展农业、振兴国家、强化君主等方面，威权压倒全国，功业扬名万里之外，并没有超过商鞅、吴起、文种三位名臣。但是阁下的地位和俸禄，以及家中的财富都已经超过他们三人，然而阁下还是不隐退，我深为阁下担忧。古谚说得对：'太阳升到正午时就开始落，月亮圆到满盈时就开始亏。'万物都是盛极而衰，这乃是自然规律。不论是进还是退，不论是伸还是缩，都随着时间变化，这乃是圣人所认定的常理。

难道阁下没有看过赌博的人吗？有时想孤注一掷，有时想步步取胜，相信阁下是最清楚的。如今阁下当了秦国相国，为了谋划国家大事而终日忙碌，为了制定策略而不走出朝廷，坐在朝中控制诸侯，威仪施行于三川，借以充实宜阳，打开羊肠之险，封闭太行要塞，切断三晋的道路，修栈道千里通往蜀汉之地，使天下诸侯都畏惧秦国，秦王的欲望得到了满足，您的功勋已无可复加，正是分功之时，此刻如果不知及时隐退，商鞅、吴起、文种之祸不远矣！您为何不在此时纳还相印，虚

鬼谷子

相国之位以待贤人？这样既可博取伯夷一样的美名，又可长享富贵，世代称孤，更能和仙人王子乔、赤松子一般长寿。这些与日后身遭惨祸，自是天壤之别，你的看法又如何呢？"范雎深有同感："先生的说法太有道理了。"于是请蔡泽入座，待以上宾之礼。

过了几天，范雎入朝拜见昭王，对他说："有位新从山东来的客人蔡泽，其人雄辩，臣阅人无数，更无人与之相比，臣自愧不如。"于是昭王召见蔡泽，相与言语，昭王十分赞赏，拜为客卿。范雎这时自思后路，便称病不朝，并且借病辞官。昭王一再不准，范雎便推言病重。昭王无奈只得允准。昭王对蔡泽的计谋十分欣赏，任命他为相。蔡泽助秦昭王吞并了东周国。

五、张仪游说秦王

张仪，战国时代与苏秦齐名的说客、谋士，纵横家中连横派的领军人物和最高首脑。张仪也擅长于战略谋划、长篇游说和辩论。张仪游说秦王道："我常听人说：'不知道事情的原由就开口发言那是不明智；明白事理、可以为事情的解决出谋划策却不开口，那是

第八章　摩篇

不忠贞。'作为一个臣子,对君王不忠诚就该死;说话不审慎也该死。尽管事情的出路如此,但我仍然愿意把所有见闻都说出来给大王听,请大王裁决定罪。我听说四海之内,北方的燕国和南方的魏国又在连结荆楚,巩固同齐国的联盟,收罗残余的韩国势力,形成合纵的联合阵线,面向西方,与秦国对抗。对此我私下不禁失笑。

天下有三种亡国的情况,而天下终会有人来收拾残局,可能说的就是今天的世道!我听人说:'以治理混乱之国去攻打治理有序之国必遭败亡,以邪恶之国去攻打正义之国必遭败亡,以背逆天道之国去攻打顺应天道之国必遭败亡。'如今天下诸侯国储藏财货的仓库很不充实,屯积米粮的仓库也很空虚,他们征召所有人民,发动千百万计的军队,虽然是白刃在前,利斧在后,军士仍然都退却逃跑,不能和敌人拼死一战。其实并不是他们的人民不肯死战,而是由于统治者拿不出好办法进行教育。说奖赏而不给予,说处罚却不执行,所以人民才不肯为国死战。

现在秦国号令鲜明,赏罚分明,有功无功都按照实际情形进行奖惩。每个人离开父母怀抱之初,从来就没

鬼谷子

有见过敌人,所以一听说作战就跺脚、露胸,决心死战,迎着敌人的刀枪,勇往直前,赴汤蹈火,在所不惜,几乎全都决心要为国家死在战场上。大王知道:一个人决心要去战死,和决心要逃生是不同的,但秦国人仍然愿意去战死,就是由于重视奋战至死精神的缘故。一人可以战胜十人,十人可以战胜百人,百人可以战胜千人,千人可以战胜万人,万人可以战胜全天下。如今秦国的地势,截长补短方圆有数千里,强大的军队有几百万。而秦国的号令和赏罚,险峻有利的地形,天下诸侯都望尘莫及。用这种优越条件和天下诸侯争雄,全天下也不够秦国吞并的。由此可以知道,只要秦国作战绝对是战无不胜,攻无不取,所向无敌,完全可以开拓土地几千里,那将是很伟大的功业。然而如今,秦国军队疲惫,人民穷困,积蓄用绝,田园荒废,仓库空虚,四邻诸侯不肯臣服,霸业不能树立,出现这种令人惊讶的情况并没有其他原因,主要是秦国谋臣不能尽忠的缘故。

我愿用历史史实为证加以说明:从前齐国往南击破荆楚,往东战败了宋国,往西征服了秦国,北方更打败了燕国,在中原地带又指挥韩、魏两国的君主。土地广

第八章 摩篇

大,兵强马壮,攻城略地,战无不胜,号令天下诸侯,清清的济水和混浊的黄河都是它的天然屏障,巨大的长城足可以作它的防守掩体。齐国是一连五次战胜的强国,可是只战败一次,齐国就没有了,由此可见,用兵作战可以决定万乘大国的生死存亡。

我还听说:'斩草要除根,不给祸留下作为,祸才不会存。'从前秦国和楚国作战,秦兵大败楚军,占领了楚国首都郢城,同时又占领了洞庭湖、五都、江南等地,楚王向东逃亡,藏在陈地。在那个时候,只要把握时机攻打楚国,就可以占领楚国的全部土地。而占领了楚国,那里的人民就足够使用,那里的物产就足可以满足物质需要,东面对抗齐、燕两国,中原可以凌架在三晋(指韩、赵、魏三国)之上,如果这样就可以一举而完成霸业,使天下诸侯都来秦廷称臣。然而当时的谋臣不但不肯这样做,反而撤兵和楚人讲和,现在楚已收复了所有失地,重新集合逃散的人民,再度建立起宗庙和社稷之主,他们得以率领天下诸侯往西面来跟秦国对抗。这样,当然秦国就第一次失去了建立霸业的机会。后来其他诸侯国同心一致、联合兵临华阳城下。幸亏大王用诈术击溃了他们,一直进兵到魏都大梁外。当时只

鬼谷子

要继续围困几十天，就可以占领大梁城。占领大梁，就可以攻下魏国；攻下了魏国，赵、楚的联盟就拆散了，赵国就会处于危难之地。赵国陷入危难之地，楚国就孤立无援。这样秦国东可以威胁齐、燕，中间可以驾驭三晋，如此也可以一举建立霸王功业，使天下诸侯都来朝贺。然而谋臣不但不肯这样做，反而引兵自退、与魏讲和，使魏国有了喘息的机会。如此就第二次失去了建立霸业的机会。前不久穰侯为相，治理秦国，他用一国的军队，却想建立两国才能完成的功业。即使军队在边境外风吹日晒雨淋，人民在国内劳苦疲惫，霸王的功业却始终不能建立，这也就是第三次失去了建立霸业的机会。

我又听人说：'战战兢兢，日慎一日。'假如谨慎得法，可以占有全天下。怎么知道是这样呢？古代殷纣王做天子，率领天下百万大军，左边的军队还在淇谷饮马，右边军队已到洹水喝水了，竟把淇水和洹水都喝干了。殷纣王是用这么雄壮庞大的大军跟周武王作战，可是武王只率领了穿着简单盔甲的战士，仅仅经过一天战斗就打败了纣王之军，俘虏了殷的全部臣民，拥有了殷的全部的土地，天下竟没有一个人同情纣王。以前智伯

第八章 摩篇

率领韩、赵、魏三国的兵众,前往晋阳去攻打赵襄子,智伯掘出晋水河采取水攻,经过三年之久的攻打,当晋阳城快被攻下时,赵襄子用乌龟进行占卜,看看自己国家命运的吉凶,预测双方到底谁败降。赵襄子又使用反间计,派赵国大臣张孟谈,悄悄出城,破坏韩、魏与智伯的盟约,结果争取到韩魏两国的合作,然后合力来攻打智伯,终于大败智伯的军队,俘虏了智伯本人。张孟谈于是成为赵襄子的一大功臣。如今秦国的号令严明赏罚分明,再加上地形的优势,天下诸侯没有能比得上的。如果凭这种优势,而与天下诸侯争胜,整个天下就可以被秦征服。

臣冒死罪,希望见到大王,谈论秦国的战略以及怎样能够破坏天下的合纵战略及其力量,灭赵亡韩,迫使楚魏称臣,联合齐、燕加盟,建立霸王之业,让天下诸侯都来朝贡。请大王姑且采用我的策略,假如不能一举而瓦解天下合纵,攻不下赵,灭不了韩,魏、楚不称臣,齐、燕不加盟,霸王之业不能建立,天下诸侯不来朝贡,那就请大王砍下我的头,在全国各地轮流示众,以惩戒那些为君主谋划而不尽忠的臣子。"

六、离开吴国的枚乘

枚乘,字叔,淮阴人,做吴王刘濞的郎中,吴王当初怨恨朝廷,阴谋作乱,枚乘就上书动谏他说:我听说古代治理国家的君主如果能全面实行正确的方针策略,就能够使国家全面兴旺发达,如果不能全面实行正确的方针和策略,国家就要彻底灭亡。舜没有立锥之地,但最后占有了天下;禹没有十户人家的封邑,最后统率了诸侯。商汤、周武王的土地不过方圆百里,但由于他们的德政和平,上感天象,日月星辰无有错谬,下感百姓,不去伤害他们的利益和感情。他们之所能这样,是因为他们有实行王道的办法。所以,父子之道,是出于天性的。忠臣不怕杀头的刑罚以直言相谏,那么做事就不会有失误的地方,功德就会流传万世。臣下枚乘愿意披肝沥胆而向大王尽忠,也希望大王能对我说的这些话稍加留意,动一点恻怛之心啊!

以一根细绳悬吊着千钧之重的东西,上面悬在无限高的地方,下临无限深的深渊,即使是愚鲁的人也会知道细绳马上就要断绝了。马正在惊奔却又在击鼓惊吓

第八章 摩篇

它，绳子就要断绝却又给它加重负担。绳子在天上断绝了，就无法再系上。坠入深渊，就难以再出来。改变做法，争取福寿，正在今日，这其间的情势十分紧急，可谓间不容发。如果能听取忠臣的言论，必定能免于祸患，如果一意孤行，一定要谋反，那是危于累卵、难于上天的事情。改变您愿来的主意，那是易如反掌，吴国也就会安于泰山了。今天却不想去安享天年，抛弃无尽的乐趣，扔掉万乘之主的权势，不去做那些易如反掌的事情，不去享受稳如泰山的乐趣，而是想去做危如累卵的事情，走比上天还难的路，这是我这样的愚昧的臣下所不能明白的地方啊！

有一个人怕自己的影子，讨厌自己的足迹。他转身逃去，足迹也就越多，影子也就跟得越快。他不知道到一个背阴处停下来，影子和足迹也就都不存在了。要想不让人家知道，就不如不说，就不如不做。想让汤冷下来，一个人烧柴，一百个人扬汤，汤也不会凉，不如不添柴薪，灭绝火种，汤自然就冷却了。在那边不停地干，在这边不停地救治，那就等于抱着干柴去救火一样。

养由基，是楚国善于射箭的人。他离开杨叶百步，

百发百中。以杨树叶的大小,能够百发百中,那可谓是善于射箭了。但他善射的距离,也只在百步之内罢了,比起我来,养由基不算是善于射箭的人,因为我的见识不止在百步之内。

福禄的产生,自有其根源;祸患的到来,也自有其根源。如果培养产生福禄的基础,断绝祸胎,那么祸从哪里来呢?泰山上的滴水能够穿透石头,井上的绳索能够磨断辘轳。水,不是石头的钻,绳索,不是木头的锯,渐渐地磨损才使之这样啊!一两一两地称,称至一石必出差错;一寸一寸地量,量到一丈必然过头。如果一石一石地称,一丈一丈地量,不仅快捷,失误也少。十围粗的大树,开始的时候只是一根小芽,用足一踢即可折断,用手一拔即可拔掉,这都是在它没有成形长大的时候才能做得到的啊!

在石头上磨刀,没见到有什么磨损,但时间长了刀就被磨尽了;种植树木,养殖牲畜,见不到什么收益,时间长了收益就大了。积累德行,看不到它的好处,时间长了就有用了;抛弃道义,违背常理,看不出祸害,但时间长了就会自取灭亡。臣下希望大王深思熟虑,并身体力行,这是百世不变的大道理啊!

吴王不采纳枚乘的建议。枚乘等人就离开吴国，到梁国去同梁王交游。

七、司马错与张仪的争论

战国时期司马错跟张仪在秦惠王面前争论战事。司马错主张秦国应该先去攻打蜀国，可是张仪却反对说："不如先去攻打韩国。"秦惠王说："我愿听听你的意见。"

张仪回答说："我们先跟楚、魏两国结盟，然后再出兵到三川、堵住轘和缑氏山的通口，挡住屯留的孤道，这样魏国和南阳就断绝了交通，楚军逼进南郑，秦兵再攻打新城、宜阳，这样我们便兵临东西周的城外，惩罚二周的罪过，并且可以进入楚、魏两国。周王知道自己的危急，一定会交出传国之宝。我们据有传国之宝，再按照地图户籍，假借周天子的名义号令诸侯，天下又有谁不敢听我们命令呢？这才是霸王之业。至于蜀国，那是一个在西方边远之地，野蛮人当酋长的国家，我们即使劳民伤财发兵前往攻打，也不足以因此而建立霸业；臣常听人说：'争名的人要在朝廷，争利的人要在市场。'现在三川周室，乃是天下的朝廷和市场，可

是大王却不去争,反而争夺戎、狄等蛮夷之邦,这就距离霸王之业实在太远了。"

司马错说:"事情并不像张仪所说的那样,据我所知:'要想使国家富强,务必先扩张领土;要想兵强马壮,必须先使人民富足;要想得到天下,一定要先广施仁政。这三件事都做到以后,那么天下自然可以获得。'如今大王地盘小而百姓穷,所以臣渴望大王先从容易的地方着手。因为蜀国是一个偏僻小国,而且是戎狄之邦的首领,并且像夏桀、商纣一样紊乱,如果用秦国的兵力去攻打蜀国,就好像派狼群去驱逐羊群一样简单。秦国得到蜀国的土地可以扩大版图,得到蜀国的财富可以富足百姓;虽是用兵却不伤害一般百姓。并且又让蜀国自动屈服。所以秦虽然灭亡了蜀国,而诸侯不会认为是暴虐;即使秦抢走蜀国的一切财富珍宝,诸侯也不会以秦为贪。可是我们只要做伐蜀一件事,就可以名利双收,甚至还可以得到除暴安良的美名。

今天如果我们去攻打韩国,就等于是劫持天子了,这是一个千夫所指的恶名,而且也不见得能获得什么利益,反而落得一个不仁不义的坏名。干天下人不愿做的事情,实在是一件危险的事。这其中危险在于:周天子

第八章 摩篇

是天下的共主，同时齐是韩与周的友邦，周自己知道要失掉九鼎，韩自己清楚要失去三川，这样两国必然精诚合作，共同联络齐、赵去解楚、魏之围，两国会自动地把九鼎献给楚，把土地割让给魏，这一切大王是不能制止的，这也就是臣所说的危险所在。因此，攻打韩国是失策，先伐蜀才是万全之计。"

秦惠王说："好的！寡人听你的。"

于是秦国就出兵攻打蜀，经过10个月的征讨，终于占领了蜀地，把蜀主的名号改为侯，并且派秦臣陈庄去作蜀的相国。蜀地既已划归秦国的版图，秦国就越发强盛富足，而且更加轻视天下诸侯。

八、反兵法而用兵

话说曹操在赤壁中了黄盖的苦肉计而遭失败后，仓皇北逃。刘备、诸葛亮率军穷追不舍。到了华容，诸葛亮察看地形后决定巧计破敌。华容有两条通路，一条是小道，路面崎岖，险要而狭窄；另一条是大路；平坦而宽畅，但比小道远50余里。

曹操率残部到了华容，拿不定主意该走那条路好。

鬼谷子

他派探子上山观察，探子回来禀报说小道上有好几处炊烟，并且有汉军的旗帜，大路上没有任何动静。

曹操思忖道：诸葛孔明足智多谋，精于用兵，他必然知道"虚则实之，实则虚之"之理。如今他是有意反兵法而用之，让士兵们在小道上烧火生烟，目的是想诱使我走大道好中其埋伏。于是他下令从华容小道撤退。

不料，走小道恰恰中了诸葛亮的反兵法而用兵之计。原来，诸葛亮知道曹操也是通晓兵法之人，要引诱他走华容小道，就必须让他相信，华容小道上的伏兵是故意暴露给他看的，意在促使他走大路、而真正的伏兵在大路上，曹操定会偏偏选择小路撤退——小道上的伏兵却恰恰是真的。

这样，正当曹操自鸣得意破了诸葛亮的反兵法而用兵之计时，他恰好中了诸葛亮的反兵法而用兵之计。结果呢，曹操又一次因兵败而狼狈逃窜。

九、太史慈突围

东汉末年，黄巾军大举进攻北海。这时孔融任职北海相，被黄巾军围困在都昌。孔融率军多次突围不成，

第八章 摩篇

便想请当时任平原相的刘备前来救援。可是都昌城被黄巾军铁桶似地团团围住,派出的信使无法出城。见此情形,太史慈主动提出,由他想法出城求援。

次日一大早,太史慈带了两个弓箭手,手拿箭靶,策马冲出城外。黄巾军起初看见三名官兵冲出城来,以为是来叫阵,便立即准备迎战。不料太史慈这三人并未径直冲向黄巾军阵中,而是若无其事地翻身下马,向城下的堑壕走去。三人认真地练起射箭来,练毕,又骑马回城。

第三天清晨,太史慈又如同头一天那样带着两名弓箭手出城练箭。黄巾军见是他们,不像头天那么在意了,有的站起来观看,有的干脆躺着休息。

第四天天刚亮,太史慈又带着两名士兵骑马出城。黄巾军已经习惯这三人出城练箭了,丝毫没有警觉,除几个人好奇地站起来观看外,其余的人都还没睡醒。不料,太史慈出了城后,突然快马加鞭,直奔城西方向。站起来观看的黄巾军士兵见状大呼,惊醒了尚在睡觉的同伴。当他们爬起来披挂备马时,太史慈早已跑出黄巾军的包围圈,无法追上了。太史慈冲出重围后,日夜兼程,从刘备那里搬来了3000救兵,从而解了都昌之围。

鬼谷子

一〇、诸葛亮迁延待变

却说孔明闻鲁肃到,与玄德出城迎接,接到公廨,相见毕。肃曰:"主公闻令侄弃世,特具薄礼,遣某前来致祭。周都督再三致意刘皇叔、诸葛先生。"玄德、孔明起身称谢,收了礼物,置酒相待。肃曰:"前者皇叔有言:'公子不在,即还荆州。'今公子已去世,必然见还。不识几时可以交割?"玄德曰:"公且饮酒,有一个商议。"肃强饮数杯,又开言相问。玄德未及回答,孔明变色曰"子敬好不通理,直须待人开口!自我高皇帝斩蛇起义,开基立业,传至于今;不幸奸雄并起,各据一方;少不得天道好还,复归正统。我主人乃中山靖王之后,孝景皇帝玄孙,今皇上之叔岂不可分茅裂土?况刘景升乃我主之兄也,弟承兄业,有何不顺?汝主乃钱塘小吏之子,素无功德于朝廷;今倚势力,占据六郡八十一州尚自贪心不足,而欲并吞汉土。刘氏天下,我主姓刘倒无分,汝主姓孙反要强争?且赤壁之战,我主多负勤劳,众将并皆用命,岂独是汝东吴之力?若非我借东南风,周郎安能展半筹之功?江南一破,休说二乔

第八章 摩篇

置于铜雀宫,虽公等家小,亦不能保。适来我主人不即答应者,以子敬乃高明之士,不待细说。何公不察之甚也!"

一席话,说得鲁子敬缄口无言;半晌乃曰:"孔明之言,怕不有理;争奈鲁肃身上甚是不便。"孔明曰:"有何不便处?"肃曰:"昔日皇叔当阳受难时,是肃引孔明渡江,见我主公;后来周公瑾要兴兵取荆州,又是肃挡住;至说待公子去世还荆州,又是肃担承:今却不应前言,教鲁肃如何回覆?我主与周公瑾必然见罪。肃死不恨,只恐惹恼东吴,兴动干戈,皇叔亦不能安坐荆州,空为天下耻笑耳。"孔明曰:"曹操统百万之众,动以天子为名,吾亦不以为意,岂惧周郎一小儿乎!若恐先生面上不好看,我劝主人立纸文书,暂借荆州为本;待我主别图得城池之时,便交付还东吴。此论如何?"肃曰:"孔明待夺得何处,还我荆州?"孔明曰:"中原急未可图;西川刘津暗弱,我主将图之。若图得西川,那时便还。"肃无奈,只得听从。玄德亲笔写成文书一纸,押了字。保人诸葛孔明也押了字。孔明曰:"亮是皇叔这里人,难道自家作保?烦子敬先生也押个字,回见吴侯也好看。"肃曰:"某知皇叔乃仁义之人,必不相

负。"遂押了字,收了文书。宴罢辞回。玄德与孔明,送到船边。孔明嘱曰:"子敬回见吴侯,善言伸意,休生妄想。若不准我文书,我翻了面皮,连八十一州都夺了。今只要两家和气,休教曹贼笑话。"

肃作别下船而回,先到柴桑郡见周瑜。瑜问曰:"子敬讨荆州如何?"肃曰:"有文书在此。"呈与周瑜。瑜顿足曰:"子敬中诸葛之谋也!名为借地,实是混赖。他说取了西川便还,知他几时取西川?假如十年不得西川,十年不还?这等文书,如何中用,你却与他做保!他若不还时,必须连累足下,主公见罪奈何?"肃闻言,呆了半晌,曰:"恐玄德不负我。"瑜曰:"子敬乃诚实人也。刘备枭雄之辈,诸葛亮奸猾之徒,恐不似先生心地。"肃曰:"若此,如之奈何?"瑜曰:"子敬是我恩人,想昔日指囷相赠之情,如何不救你?你且宽心住数日,待江北探细的回,别有区处。"鲁肃踌躇不安。

一一、不贪为宝

"不贪为宝"形容清廉不贪,操守高洁。

此典出自《左传·襄公十五年》:"宋人或得玉,

第八章 摩篇

献诸子罕。子罕弗受。献玉者曰:'以示玉人,玉人以为宝也,故敢献之。'子罕曰:'我以不贪为宝,尔以玉为宝。若以与我,皆丧宝也,不若人有其宝。'稽首而告曰:'小人怀璧,不可以越乡,纳此以请死也。'子罕寘诸其里,使玉人为之攻之,富而后使复其所。"

这段话意思是说:

春秋时期,宋国有人得到一块美玉,他把美玉献给子罕。子罕是一个清廉不贪的人,不愿意接受这块美玉。献玉的人说:"我把这块玉拿给玉工看过,玉工认定它是个宝物,所以我才敢把它拿来献给您。"子罕说:"我把不贪求钱财视为宝物,你把美玉视为宝物。如果您把美玉给了我,我们两个人就都丧失了自己的宝物。还不如您自己留着美玉,我严守自己不贪图钱财的操守,这样我们各自都会保守着自己的宝物。"献玉的人听了,连忙叩头,告诉子罕说:"我只是一个普通的老百姓,却带着如此珍贵的玉璧,必然为盗所害,不能越过乡里。我把它送给您,是请求免于一死的。"子罕把美玉留在自己的乡里,派玉工替献玉的人加以雕琢,等献玉的人卖出玉璧,变得富有之后,才让他回到自己的家里。

鬼谷子

一二、海不扬波

"海不扬波"比喻天下太平,好像大海风平浪静,没有一点波涛,也比喻人民生活非常安定,社会秩序非常良好。

此典出自《韩诗外传》五:"久矣,天之不迅风疾雨也,海不波溢也,三年于兹矣,意者,中国殆有圣人,盍往朝之。"

周成王时,周公摄行相事,处理国政,天下太平,人民安居乐业,国家治理得井井有条,领国都非常敬仰,纷纷来朝贡。

交趾国越裳氏也派了使臣重译来中国朝贡,向周公赠献珍禽白雉。周公很谦虚地说:"我国并没有恩德加给贵国,何况有道德的人,是不贪图享受物质的,况且我们又没有好的政令设施,哪里敢把你们当臣属看待呢?"重译说道:"我来的时候,我们国王黄考对我说:'如今天下已没有猛烈的风暴和连绵不断的阴雨;灾难也好久没有看到了,海不扬波也有三年了,我想中国一

定出圣人啦！我们应该去朝贡。'"使臣朝贡完毕，在回国的途中迷失了方向，周公赐他一辆指南车，并派人给他当向导。

一三、幸灾乐祸

"幸灾乐祸"是指一个没有同情心的人，看到别人发生了灾祸，不但不援救，还将它当做是一件高兴的事。

此典出自《左传·僖公十四年》："背施无亲，幸灾不仁，贪爱不祥，怒邻不义：四德皆失，何以守国？"

春秋时，晋国内乱，晋公子夷吾逃奔秦国，秦穆公将自己的女儿许配给他，又护送夷吾回国做君王，就是晋惠公。惠公在离开秦国之前曾许诺回国后送给秦国五座城作酬劳，但等到进入晋国国境，他立刻改变主意，不肯交割城池给秦国的使者，秦穆公想到他们的姻亲关系，没有派兵去强夺。后来，晋国又发生两次灾荒，秦国都及时救济。

第二年冬天，秦国也闹灾荒，就派使者到晋国请求买粮，然而晋惠公却不肯答应，还想趁此机会攻打

秦国。晋国有个大夫庆郑说:"忘记人家的恩惠是无亲;人家有灾难却幸灾乐祸,是不仁;舍不得把东西给人,是不祥;激怒临国,是不义。四种美德都失掉了,又怎么能保住国家。"而惠公始终不听劝告,还以很不礼貌的态度对待秦国的使者。秦国上下群臣哗然。秦穆公便亲自率大军攻打晋国,晋国大败,惠公也被俘虏。

一四、熊性恶血

这则寓言讽喻兄弟自相残杀,必然导致灭亡。

此典出自《燕书》。

阳都山非常幽深,有好多熊在那个地方聚集。

熊天生厌恶流血,一次,一只熊偶然渡过峡谷,荆棘刺伤了它的肋部,血流出来,像一条潮湿的线。熊急忙用爪子去抓它,血流得更多了,然而熊还是不停地抓,最后把那个地方抓成了一个洞,血如泉涌般源源不断地流出来。熊没有办法把血止住,就剜开肉皮,血更加涌流不息,最后熊竟然抽拔出自己的肠子和肾脏而死去。

一五、鸡口牛后

"鸡口牛后"比喻宁可在小局面中独立自主,也不愿在大局面中任人支配。此成语也写作"宁为鸡口,无为牛后"。

此典出自《国策·韩策一》:"苏秦为楚合从说韩王曰:'……臣闻鄙语曰:'宁为鸡口,无为牛后。'今大王西面交臂而臣事秦,何以异于牛后乎?夫以大王之贤,挟强韩之兵,而有牛后之名,臣窃为大王羞之。'"

当时韩国实力衰弱,害怕遭到强大秦国的侵略,会被秦国并吞,因此韩王为了忍辱求全,便接受了秦国的屈辱条件,并表示向秦王臣服,以求维持现状。苏秦为了要劝韩王摆脱秦国的控制,认为虽然国小,也要争取独立自由的国际地位,因而说出"鸡口牛后"一句话,一方面讥讽韩王向秦国臣服,即如牛后一样;另一方面促请韩王振作,争回自己的国际地位。

鸡口是鸡用来进食的器官,牛后是牛用来排泄粪溺的部分,二者相比,恰成一个极端强烈的对比:因为鸡

的身体很小,牛却是庞然大物,用来进食的口虽小,可以有机会尝到各种食物的美味;而排泄粪溺的器官虽大,却是动物身体上最污秽的部分。因此一般人都会抱着"宁为鸡口,毋为牛后"的信念。

一六、鸡犬升天

"鸡犬升天"比喻一个人得到好处连带周围的人也可沾光。

此典出自晋代葛洪《神仙传·刘安》:"时人传八公、安临去时,余药器置在中庭,鸡犬舐啄之,尽得升天。故鸡鸣天上,犬吠云中也。"

汉代淮南王刘安喜好道术,他虽然身居诸侯要职,却非常尊崇道人方士,因此,他的门下有数千名方士。后来,有八位方士来见刘安,并向他传授道术,以使刘安全家白日升天。

当时有人传说,八位方士和刘安一家人在升天之际,把炼丹药用的器皿放在庭院里,鸡犬吃了以后,也得到了升天的道术,都跟着刘安升天了。因而,人们听到鸡在天上鸣,狗在云中叫。

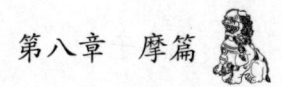

一七、棘刺母猴

"棘刺母猴"这个典故说明：不管骗子如何掩饰，总是会露出破绽的。

此典出自《韩非子》："燕王征巧术人。卫人曰：'能以棘刺之端为母猴。'燕王悦之，养之以五乘之奉。王曰：'吾试观客为棘刺之母猴。'客曰：'人主欲观之，必半岁不入宫、饮酒、食肉，雨霁日出，视之晏阴之间，而棘刺之母猴乃可见也。'燕王因养卫人，不能观其母猴。郑有台下之冶者谓燕王曰：'臣为削者也，诸微物必以削削之，而所削必大于削。今棘刺之端不容削锋，难以治棘刺之端。王试观客之削，能与不能可知也。'王曰：'善。'谓卫人曰：'客为棘刺之？'曰：'以削。'王曰：'吾欲观见之。'客曰：'臣请之舍取之。'因逃。"

一次，燕王招揽天下能工巧匠。

一个卫国人前来应召，自我吹嘘说："我能把细小的棘刺尖端雕成一只母猴。"燕王一听，非常高兴，便

鬼谷子

用五乘的俸禄供养他。

过了一段时间，燕王对那个卫国人说："我想看看您雕刻的棘刺母猴。"那个卫国客人煞有介事地说："大王要想看它，必须提前半年不进内宫，不能喝酒，也不能吃肉，选择雨过日出，似晴似阴的一瞬间，才能看到这个棘刺母猴。"燕王听了，觉得难以实现，只好继续供养他，却一直看不到他的作品。

后来，一个在宫廷干活的郑国铁匠知道了这件事，便对燕王说："我是打制刻刀的工匠。据我所知，所有小巧的物品都要用刻刀削刻，而要刻的东西都必须大于刻刀的刀刃。现在，那个卫国人说的棘刺尖端，其实连刻刀的刀锋都容不下，又怎么能雕出东西来呢？所以，请大王只要观察一下那个卫国人的刻刀，就能够知道他能不能雕刻了。"燕王恍然大悟，说："有道理！"

于是，燕王召来那个卫国人，问："你用什么东西在棘刺上雕刻母猴呢？"那个卫国人回答说道："用刻刀呀。"燕王说："那让我见识一下你的刻刀吧。"那个卫国人说："请允许我回房间把它取来吧。"于是，他便乘机逃走了。

第八章 摩篇

一八、季子投师

"季子投师"讽刺了盲目推崇、幼稚可笑之人。

此典出自《权子·吾师》。

商季子特别爱好道学,他带着很多盘缠,游学四方,只要碰上戴黄帽子的道士,便会施礼求教。

一个狡诈的骗子为了谋取他的旅资,就骗他说:"我是一个得了真传的道士,只要你跟着我云游,我就传授给你。"于是季子便真诚地跟着骗子走了。骗子一直没有找到下手的机会,而季子又不时催促他传道。

一天,两人来到江边,骗子一见机会来了,就骗他说:"道就在这儿了!"季子忙问:"在哪儿?"骗子说:"就在这条船的桅杆顶端,你只要亲自爬上去就能得到了。"季子把钱袋放在桅杆下,急忙抓住桅杆往上爬,骗子在下面连声催喊道:"上!上!"季子爬到桅杆的顶端,无法再往上爬了,恍然大悟,抱着桅杆高兴地欢呼:"得道了!得道了!"骗子乘机拿着钱袋逃走了。

季子从桅杆上下来后,依然欢跃不止。旁观的人

说：“傻瓜，那是个骗子，早把你的钱拿走了！”季子说：“那是我师傅，这也是他在教我啊！”

一九、齐王筑城

"齐王筑城"说明人们办事情、想问题，既要考虑长远利益，也要注重眼前利益，要把二者结合起来。

此典出自《艾子杂说》。

齐王临早朝，回头对侍臣们说："我们国家处在几个强国中间，年年苦于调度战备，现在我想抽调一批壮丁去修筑一座大城，从东海开始修筑，经太行山，接輾辕山，下武关，曲折蜿蜒四千里，这样就可以与各强国隔绝，使秦国不能觊觎我国西方，楚国不得偷犯我国南方，韩国和魏国不可牵制我国左右方，这难道不是一件很伟大的事吗？让老百姓去修筑大城，虽然暂时有一些劳累，但以后就不再有远征和遭受侵犯的祸患，可以一劳永逸了；老百姓听见我下达这个命令，又有谁不欢天喜地地来参加呢？"

艾子回答说："今天早晨下大雪，我来赴早朝的时候，看见路旁有一个老百姓，光着身子，都快冻僵了，却还望着天空在唱歌。我觉得十分奇怪，便问他缘故。他对我说：'这场大雪顺应了时令，正高兴明年人们可以吃到贱价的麦子，可是我却要在今年就冻死了。'正像筑大城，等到大城筑完了，不知道享受永久安乐的是什么人呢！"

二〇、擒贼先擒王

"擒贼先擒王"比喻作战要先除首恶或主要敌人，也比喻做事要抓关键。

此典出自《红楼梦》第五十五回。

凤姐因争强斗智，操劳太过，心力亏损，不能理事，因而家中琐碎之事，一应由李纨协理。李纨为人温顺，王夫人怕她迂纵了下人，又派探春合同李纨裁处。王夫人仍不放心，又请来宝钗会同照管。凤姐儿虽在病中，但自恃强壮，想起什么事来，便叫平儿去回王夫人。凤姐儿想，探春、宝钗事事明白，语言谨慎，知书识字，这比我更厉害一层，但她们是初次管理家务，怕难制服下人，因而对平儿道："俗话说，擒贼必先擒王。他如今要作法开端，一定是先拿我开端，倘或他要驳我

的事,你可别分辩,你只越恭敬越说驳的是才好。千万别想着怕我没脸。和他一强,就不好了。"平儿不等凤姐说完,就笑着说道:"我已经这样做了。"

二一、权宜之计

"权宜之计"比喻为适应某种情况而暂时采取的变通办法。

此典出自《后汉书·王允列传》:"允性刚棱疾恶,初惧董卓豺狼,故折节图之。卓既歼灭,自谓无复患难,及在际会,每乏温润之色,杖正持重,不循权宜之计,是以群下不甚附之。"

王允是一位志向远大的人,自幼诵习经传,演练骑射,一心想为朝廷效力。他十九岁当上郡吏、豫州刺吏。

王允被朝廷派去讨伐黄巾起义,一次,打败敌军,搜出一封信件。信件是朝廷中常侍张让写给黄巾起义部将领的,王允将这件事禀报了皇帝,皇帝把张让痛骂了一顿,张让叩头辩解,最后不了了之。因此王允遭到张让的报复,张让借故把他关进牢狱,想治他死罪。

第八章 摩篇

朝廷司徒杨赐,素知王允性情孤傲、清高,受不了严酷的刑法,派人告诉他:"现在你栽在张让手上,难以活命,别再受罪了,设法早点结束自己的生命吧!"一些同僚好友也捧着毒药流着眼泪送给王允。

王允夺过药碗,狠狠地摔在地上,愤然地喊道:"我是朝廷的臣子,获罪就应该伏刑以谢天下,岂有自己喝药求死的道理!"

王允面无惧色,走出牢门上了囚车。满朝大臣全都非常同情他。

大将军何进、太尉袁隗、司徒杨赐一块去请求皇帝,免他一死:"我等身为朝臣,不敢沉默,王允受朝廷之命诛逆安境,时间还不满期限,就取得很大的成绩,州境安定,功劳显著,本应加爵封赏,而今以奉事不当,受以大刑,恐怕有亏众望,臣等请陛下免他一死,以昭忠贞之心!"

皇帝无奈只好免了王允死罪,第二年才放他出来。当时汉朝廷宦官专横,王允担心又一次遭厄运,就隐姓埋名,迁居到远离京都的地方。

汉献帝即位后,朝廷又封他为太仆、尚书令。他与太将军何进等人,利用美人计收买吕布,借吕布之手杀

鬼谷子

掉了董卓。除掉董卓以后,王允觉得大患已经被除去,天下就会太平了,就不去考虑下一步的行动,后来被董卓部将杀害。

二二、姜维求计避祸

三国蜀汉时期,当姜维在祁山一带同魏将邓艾殊死战斗时,后主刘禅在成都,听信宦官黄皓的话,贪恋酒色,不理朝政。朝中大臣因后主荒淫,对国家前途不免忧心忡忡,一时之间,贤人逐渐离去,而小人却乘虚而入。当时有个名叫阎宇的右将军,什么功也没立,只因善于巴结宦官黄皓,居然爬得很高。他听说姜维在祁山战斗不利的消息,便求黄皓对后主刘禅说:"姜维一次又一次出兵都毫无建树,可以让阎宇代替他。"后主自然听从,便派出使臣,携了诏书,召回姜维。姜维正在祁山进攻魏军的营垒,忽然之间一天连来三道诏书,命他班师。他无可奈何,只好从命。

回到汉中以后,姜维安排好人马,便同使臣一起到成都去面见后主。可后主一连十天都不上朝。姜维心中十分疑惑。这一天来到了东华门,正好遇见秘书郗正。

第八章 摩篇

姜维问他:"天子要我班师,你知道是什么缘故吗?"正笑着回答:"大将军怎么还不知道,这是黄皓为了让阎宇立功,请求朝廷,发出诏书召回将军。后来又听说邓艾善于用兵,估计阎宇不是他的对手,这事才又搁下不提了。"姜维一听此言,不由大怒说:"我一定要杀掉这个奴才!"正制止他说:"大将军继承诸葛武侯的事业,责任大,职权重,怎么能那么感情用事?如果闹得天子都容不下你,那可就不妙了。"姜维很感激地说:"先生的话很有道理。"

第二天,后主与黄皓在皇宫后花园设宴饮酒,姜维领几个人直接进来。早有人向黄皓通风报信,黄皓慌忙躲到花园的一角。姜维来到亭下,叩拜后主,流着泪说:"臣将邓艾已围困在祁山,陛下接连降下三道诏书,召我回朝,不知陛下是什么意思?"后主默默不语。姜维又说:"黄皓奸邪狡猾,专擅朝政,与东汉末年那些祸乱国家的宦官没什么两样。只有早早杀掉此人,朝廷才可以安宁,中原才可以恢复。"后主笑着说:"黄皓不过是一个供使唤的小臣,就算他专权,也不能有什么作为。你又何必把他放在心上?"姜维叩头说:"陛下今日不除黄皓,灾祸很快便会降临了!"后主说:"爱一个人

鬼谷子

便愿意他活下去，恨一个人便要他死，你怎么连一个宦官也容不下？"说着便命人到花园一侧去找来黄皓，让他向姜维叩头请罪。黄皓哭鼻子抹眼泪地说："我不过是伺候皇上罢了，并不曾干与国政。将军千万不要听信外人的传言，想要杀我。我这条小命就掌握在将军的手里，还请将军可怜可怜我。"说罢，又是叩头，又是哭号。

姜维愤愤而出，见郤正，将这些情况详详细细地告诉了他。正说："将军将有大祸临头了。将军若有个三长两短，国家也就完蛋了。"姜维说："请先生教我保国安身的办法。"正说："陇西有一个地方，名叫沓中，那里土地十分肥沃。将军何不仿效诸葛武侯屯田的事，上报天子，前往沓中屯田？这样，一可以收获粮食以供军中之用，二可以夺取陇右大片土地城池，三可以使魏国军队不敢对我汉中轻举妄动，最后，将军在外握有兵权，谁也不敢算计你，可以避祸。这就是保国安身的办法，将军应早早去实行。"姜维大喜，道谢说："先生的话真是金玉良言。"

第二天，姜维上表后主，要求去沓中屯田，仿效诸葛亮，后主答应了，他便回到汉中。

第八章 摩篇

二三、歇后郑五

唐代人郑綮，以进士登第，才华横溢，滑稽幽默。唐昭宗（李晔）时期，郑綮历任监察御史、庐州刺史等职，光化初年任宰相。

郑綮擅长写诗。他写的诗，大多数都是嘲讽人物、讥刺时政，有时故意离开诗词的格律。例如，他离开庐州，与当地人告别时，吟诗道："唯有两行公廨（官署）泪，一时洒向渡头风。"显得那么幽默滑稽。因此，当时人把他的诗称作"郑五歇后体"。所谓"歇后"，即是隐语，如，讥笑人无耻，只说："孝悌忠信礼义廉"，而不明说无"耻"。人们把他称作"歇后郑五"，由此可知，他是非常滑稽幽默的。

光化初年，唐昭宗回到宫内，感到各种政务都不令人满意，郑綮经常撰写诗篇进行嘲讽，宦官时常在皇上面前朗诵他的诗作。唐昭宗看到他能直言不讳地批评时弊，觉得他非常有胆识，就在常见大臣的花名册旁边批注道："郑綮可任礼部侍郎、行宰相职。"中书省掌管文书的官吏就跑到他家去参拜，郑綮笑着问道："诸位先

生大人误会了,即使天下人都不认字,宰相之职也轮不到我郑五来做。"官吏们说:"这是陛下的旨意,明天就会下达正式任命的诏令。"郑綮把手一拱,说:"如果真是这样,可要笑死人了。"第二天,皇帝的任命果然下达了,亲朋好友都赶来祝贺,郑綮挠着头皮说:"我歇后郑五当了宰相,当前的政事可见一斑了。"他多次上表婉言辞让,都没有得到允许。自从进入宰相府管事之后,郑綮忠心耿耿地遵守为相之道,不再开玩笑了。

二四、日夜劝说李世民

正值突厥侵扰乌城,李建成推举李元吉为将,又密谋请李世民一起到昆明池去送行,想因此把他杀害。尉迟敬德得知了他们的计谋,与长孙无忌立即去告诉李世民说:"大王如果不赶快警惕起来,就恐怕被他们所害,国家就危险了。"李世民叹息说:"现在他们二人不顾骨肉之情,要灭弃父工。这种危机,是大家都知道的。寡人虽然受到极深的猜忌,祸在眼前,但念于同胞之情,始终不忍动手。想等他们先动手,然后以国家大义去讨伐他们,你们认为如何?"尉迟敬德说:"人都是怕死

第八章 摩篇

的,但大家以死相随大王,这是上天授予的。如果天给的都不去争取,那就会反受其害。虽然保存了仁爱之小情,却忘了社稷之大计,祸难临头而不害怕,将要死了而安然处之,这失去了人臣不逃避祸难的气节,缺少先贤大义灭亲的勇气,这是我没有听过的。依臣的愚见,请先把他们杀了。大王如果不听我的话,请让我逃命,我不能叉着双手让人杀戮。况月'从失败中争取成功,是贤明者的高见;转祸为福。是智谋之士的机智之处。我尉迟敬德如果现在逃亡,长孙无忌也想一同逃去。"李世民还犹豫不决,长孙无忌说:"大王今天不听尉迟敬德的话,就可以肯定敬德等人不再为大王所有。今天事情失败之后,该怎么办呢?"李世民说:"寡人所说的。不可全部否定,你们再想想办法吧。"尉迟敬德说:"大王现在处事有疑虑。这是不明智的;临难不决,这是不勇敢。大王纵使不听从我的话,也请自己决定下来,您拿国家怎么办?拿性命怎么办?况且在外面的八百多勇士,现已全部人宫,全副武装,已经造成了决战的气势,大王您还有什么话好推辞!"尉迟敬德又与侯君集日夜向李世民劝说,然后才定下了计策。

 鬼谷子

摩篇第四

故谋必欲周密①,必择其所与通者说也②,故曰:"或结而无隙③也。"

夫事成必合于数,故曰:"道、数与时相偶者也。"

说者听必合于情,故曰:"情合者听。"

故物归类:抱薪趋火,燥者先燃;平地注水,湿者先濡。此物类相应,于势譬犹是也,此言内符之应外摩也如是。故曰:"摩之以其类,焉有不相应者?"

乃摩之以其欲,焉有不听者?故曰:"'独行之道③'。夫几者不晚④,成而不保,久而化成"。

【注释】

①周密:周全,谨密。指思维镇密,没有疏漏。

②必择其所与通者说也:要选择与情感沟通,需求一致的人说谋。

第八章 摩篇

③结而无隙：心理吻合，思想默契，没有矛盾。

③独行之道：只有圣人才能运用的揣摩之术。

④几者不晚：见机而作，不失时宜。

【译文】

谋划要想周密，一定要选择理解自己的人一起谋划，所以说结交亲密就没有嫌隙。

做事想成功，一定要符合揣摩之术。所以说道理、权术与时机三者必须相合，才能成事。

游说想要让人听从，一定要与对方思想感情相合，所以说感情相合他人才会言听计从。

所以世上万物都各归其类，比如把柴草抛向火中，干燥的必定先燃烧，往平地倒水，湿的地方水先被引过去。这就是物类互相应和的原理，在形势上也必然是这样。这就是说在外部触摩试探，必定会得到内心的应和。因此说用同类的想法去触摩试探，哪有对方不相互呼应的呢？

顺着他的欲望去触摩试探，哪有不听从的呢？所以说触摩试探术是谋士的秘术，是唯一能行得通的办法。因而，见到事物的细微迹象便不失良机地采取行动，并不算晚。事情成功了而不自恃自喜，不被功名所束缚，

久而久之定能达到教化天下的效果。

【感悟】

世界上万事万物都有各自的规律,按照不同的性质来实施"摩"之术,天长日久就一定会成功,这就是"内符"和"外摩"相适应的道理。

【故事】

一、解狐举贤

"解狐举贤"这个典故比喻人要任人唯贤,以国事为重。

此典出自《韩非子·外储说左下》:"解狐举刑伯柳为上党守,柳往谢之曰:'子释罪,敢不再拜。'曰:'举子,公也;怨子,私也。子往矣,怨子如初也。'"

这段话意思是说:解狐推荐刑伯柳做上党的郡守,刑伯柳去向他道谢说:"你能原谅我的过错,我怎么敢不再次拜谢你呢!"解狐说:"我推荐你,是公事;怨恨你,是私事。你去(上任)吧,我对你的怨恨,一如既往。"

第八章 摩篇

二、克己奉公

"克己奉公"的意思是严格要求自己,一心为公。

此典出自《后汉书·祭遵传》:"遵为人廉约小心,克己奉公。"

东汉初年,有一个人叫祭遵,字弟孙,颍川人。他的家庭虽然十分富有,但他生活俭朴,不喜欢穿衣打扮。母亲死后,他亲自背土为母亲的遗体筑坟。刘秀起兵反对王莽之后,路过颍阳,看中了祭遵,就任用他当军市令。有一次,刘秀身边的侍从犯了法,祭遵就把他杀了。刘秀对将领们说:"你们要当心祭遵!我身边的侍从犯了法,都被他杀掉了,如果你们犯了法,祭遵一定不会留情面的。"不久,刘秀又拜祭遵为偏将军,封为列候。从此以后,祭遵跟着刘秀东征西讨,立下了许多功劳。

《后汉书》"列传"的作者范晔(南朝·宋)在为祭遵作传时写道:"祭遵为人廉洁、节俭、谨慎,约束自己,以公事为重。他把皇上赏赐的钱财物,全部分给士兵,家中没有一点私财。他身穿柔皮做成的低贱的牧

鬼谷子

人裤,盖布被子,夫人穿的衣服也非常普通,因此,光武帝刘秀很器重他。祭遵死后,光武帝刘秀感非常悲痛,祭遵的丧车到达河南县的时候,刘秀诏令文武百官先到祭遵的灵前集合,而刘秀本人穿着素服前往吊唁,哭得非常伤心。"

三、一丘之貉

"一丘之貉"用以比喻同类没有差别,用来形容反面的事物,含有不屑一谈和讥诮的口吻。

此典出自《汉书·杨恽传》:"秦时但任小臣,诛杀忠良,竟以灭亡,令亲任大臣,即至今耳,古与今,如一丘之貉。"

汉朝有一个名人叫杨恽,他的父亲是汉昭帝时的丞相杨敞,母亲是大史学家司马迁的女儿。他自幼便受到良好的教育,未成年时就成了当朝的名人。汉宣帝时大将霍光谋反,杨恽最先向宣帝报告。后来他被封为平通侯,当时在朝廷中做郎官的人,贿赂之风极盛,有钱的人可用钱行贿,经常在外玩乐,无钱行贿的人,甚至一年也不能休息一天。杨恽做中山郎后,便把这些弊病全部革除，满朝官员都称赞他的廉洁。但他因少年得志，又有功劳，便骄傲自满，结果与太仆戴长乐（长乐是宣帝旧友，深受宠信）结怨。

有一次，杨恽听见匈奴降汉的人说匈奴的领袖单于被人杀了，杨恽便说："遇到这样一个不好的君王，他的大臣给他谋划好治国的策略而不用，白白断送了自己的性命，就像我国秦朝时的君王一样，一味地信任小人，杀害忠贞的大臣，结果亡国了。如果当年秦朝不这样做，可能到现在国家还存在。从古到今的君王都是信任小人的，真像同一山丘出产的貉一样，没有任何差别呀！"就这样，杨恽被免职了。

四、衣冠禽兽

这则典故是使人们认清世上那些残害同类的恶人。

此典出自《燕书》："彼兽而人，汝则人而兽也！不杀何为？"

齐人西王须，擅长于做贩运海外物品的买卖，他经常往来于扶南的众多城镇和顿逊的各民族部落中，贩运各种珍奇宝物，像玟瑁、颇黎、火齐、玛瑙等类，晶亮

鬼谷子

的白光闪烁不止。有一次,在海上忽然遇见一阵风,把船刮翻了,西王须便抓住一根折断的桅杆,在海里漂了很长时间,侥幸靠近海岸爬了上去。他穿着湿透的衣服奔走在彝山北面的山谷之中,山谷幽深昏暗,不见阳光,常像有大雨压到地面似的。西王须想到自己可能难逃一死,便寻找一个山洞,希望自己的遗体不被乌鸦鹞鹰啄食了。还没进入山洞,忽然有一只猩猩从山洞中走出来,它注视着西王须,表现出同情的样子。过了一会儿,它便去拿了豆棵、萝卜、谷穗等食物,比划着让他吃。西王须正饥饿难忍,便狼吞虎咽吃下去了。山洞的右边有一个小洞,睡觉的地方铺着新的鸟毛,有一尺多厚,非常暖和,猩猩便让给西王须去睡,自己却躺在洞口外面,当时天气很寒冷,也不顾惜自己,它的语言虽然和人不一样,但咿咿呀呀的发出声音,好像安慰劝解的模样,这样整整过了一年也不稍有懈怠。有一天,海上开来了一条大船,停泊在山下,猩猩便急忙拉着西王须出来,送他登上船。西王须上船一看,恰好是他的朋友。猩猩还遥望着大船,不忍离去。

西王须对他的朋友说:"我听说猩猩的血可以染毡布,过一百年也不褪色。这只猩猩长得很肥,刺死它可

以得到一斗多血,为什么不上岸去捕捉它呢?"朋友一听大骂道:"它虽然是一只野兽却非常像人,你虽然是人却像只野兽呀!不杀你留着有什么用?"于是他的朋友便用口袋装了石头套在他的脖子上,把他推进海里淹死了。

五、见不逮闻

"见不逮闻"意指亲眼见的不及过去听说的好。后人常用这句成语形容一个人徒有虚名。

此典出自《新唐书·文艺上·崔信明传》:"世翼览未终,曰:'所见不逮所闻!'投诸水,引舟去。"

唐代时,有一个名叫崔信明的人,喜欢写诗作文,偶尔也能写出一句两句的好诗,比如他写的"枫落吴江冷"一句,就受到了当时人们的赞扬。扬州录事参军郑世翼读到这句诗以后,非常赏识崔信明的才华。

有一次,郑世翼坐船在江上游玩,恰巧崔信明也在江中游玩。两船相遇时,崔信明求见,郑世翼一问才知道眼前这位人物就是崔信明,便和他攀谈起来。郑世翼说:"崔君的'枫落吴江冷'一句写得妙极了,不知还有没有新作?崔信明听到郑世翼夸奖自己,十分高兴,

鬼谷子

于是立刻拿出一大堆诗稿让郑世翼看,郑世翼翻看几页,见写得平平淡淡,再往下看,简直看不下去,对崔信明说:"今天我所见的比过去听说的差多了。"说完,他把诗稿往江里一扔,命人开船,头也不回地离去了。

六、见利忘危

"见利忘危"用以告诫人们:见利忘危,则危在旦夕;反之,居安思危,则有备无患。

此典出自《庄子·山木》睹一蝉,方得美荫而忘其身;螳螂执翳而搏之,见得而忘其形;异鹊从而利之,见利而忘其真。

一天,庄周在雕陵栗园游玩,看见一只奇异的鹊鸟从南面飞过来。这只鹊鸟翼长七尺,目大径寸,从庄周面前飞过,竟然触到他的额头,也不理会,最后落在栗树林中。

庄周奇怪地说:"这是什么鸟啊,翅膀这么大,却飞不远;眼睛这么大,却看不清?"

于是撩起衣裳,快步走上前去,手拿弹弓,准备寻找机会弹射它。这时,又看见一只知了,躲在浓荫下,悠然自得地乘凉,忘记了自身的安危。旁边,一只螳螂隐藏在一片树叶后面,蠢蠢欲动,得意忘形,准备捕食知了。那只奇异的鹊鸟一心想捕食螳螂,以致利令智昏,忘乎所以。

七、见猎心喜

"见猎心喜"比喻旧有的爱好总是难以忘却。

此典出自《二程全书·遗书七》:"明道(程颢)年十六七时,好田猎。十二年,暮归,在田野间见田猎者,不觉有喜心。"

北宋哲学家、教育家程颢,在宋神宗时,曾当过太子中允监察御史里行。后来辞官,在洛阳讲学十几年,弟子们对他有"如坐春风"的比喻。

程颢小时候在农村长大,十六七岁时,非常爱好打猎,只要一有时间,就到野外去打猎。后来入朝为官,聚众讲学,时间一长,就把这种爱好渐渐忘记了。离家十二年后,程颢回到自己的家乡。一路上的景物引起了他的不少甜蜜的回忆,尤其是看到有人在田野里兴致勃勃地打猎时,他更是满怀喜悦,甚至想亲手试一试。

八、见巧之狙

"见巧之狙"比喻买乖弄巧,往往事与愿违。

此典出自《庄子·徐无鬼》:"吴王浮于江,登乎狙之山。众狙见之,恂然弃而走,逃于深蓁。有一狙焉,委蛇攫抓,见巧于王。王射之,敏给搏捷矢。王命相者趋射之,狙执死。"

这段话意思是说:

吴王乘船在江上游览,下船后登上到处是猴子的山上。成群的猴子看见了吴王,都慌忙地逃到深深的丛林中去了。这时却有一只猴子不但不走,反而像蛇一样灵活,上窜下跳,向吴王表现它的灵活敏捷的身手。吴王用箭射它,它却非常敏捷地将飞快的箭抓到手里。吴王命令随从人员一齐射它,于是猴子立刻被乱箭射死了。

九、犬牙相制

"犬牙相制"形容地界相连,如犬牙交错,可以互相牵制。

第八章 摩篇

此典出自《史记·孝文本纪》:"夫秦失其政,诸侯豪杰并起,人人自以为得之者以万数,然卒践天子之位者,刘氏也,天下绝望,一矣。高帝封王子弟地,犬牙相制,此所谓磐石之宗也。"

西汉初年,汉高祖刘邦为了巩固刘氏天下,封了许多同姓王。刘邦死后,吕后独揽大权,吕后的近亲也都在把持朝政。公元前180年,吕后死去,大将周勃、陈平等诛灭吕党,迎接代王刘恒为帝。

使者来到代地,向刘恒报告朝廷大臣都推举他即位,请他立即动身,刘恒不敢轻易答应。他召集大臣询问对策。郎中令张武说:"朝廷上的大臣都是高帝(刘邦)手下的将军和谋士,他们只知欺诈,不讲信义,大王可以谎称有病,观察一段时间再作决定。"中尉宋昌不同意张武的意见,他对刘恒说:"大王完全可以放心地去。残暴的秦皇失了天下,诸侯豪杰一窝蜂似的起兵,谁都想做皇帝,只有高帝成功了,统一了天下。高帝封了同姓王,地界相连,犬牙相制,刘氏天下坚如磐石。现在老百姓都非常讨厌战乱,渴望安定的生活,就算有的大臣想作乱,老百姓也不肯听从。大王可以放心地回去即位。"

鬼谷子

刘恒觉得宋昌言之有理,又派娘舅薄昭到长安见太尉周勃,探听到朝臣们真心实意想拥他为王,便动身回京,做了皇帝,他就是汉文帝。

一○、郭开陷害廉颇

廉颇从长平免职归来,在他失去权势的时候,往日的门客全都弃他而去。等到他再被重用当大将军,那些门客又都陆陆续续地回来了。廉颇说:"诸位还是请回去吧!"门客说:"唉!你为什么明白得这么迟呢?现在天下都以市场里做买卖的方式交朋友,你得势时,我们来追随你;你失势时,我们离开你,这是很自然的事情啊,你又何必埋怨我们呢?"六年以后,赵王派廉颇攻打魏国的繁阳,并占领了它。

赵孝成王去世后,太子悼襄王继位,起用乐乘代替廉颇。廉颇大怒,攻打乐乘,乐乘逃跑了。廉颇只好投奔到魏国的大梁。第二年,赵国派李牧为将军攻打燕国,占领了武遂、方城。

廉颇在大梁住了很长一段时民魏并不信任重用他。而赵国由于屡次受到秦国的围困,打算重新起用廉颇、

第八章 摩篇

廉颇也想再为赵国出力。赵王派了一名使者前往魏国，观察一下廉颇是否还可以任用。廉颇的仇人郭开用重金贿赂那位使者，让他低毁廉颇。赵国的使者见到了廉颇，廉颇特意在使者面前一次吃了一斗米的饭，十斤肉，然后披戴甲胄一跃上马，以表示自己还可以被任用。可是那位接受贿赂的赵国使者回去向赵正报告说："廉将军虽然老朽，还很能吃饭。然而，只跟我坐了一会儿的工夫，就去拉了三次屎。"赵王一听，认为廉颇真的老迈不中用了，就没有召他回国。

楚国听说廉颇在魏国，就暗中派人去迎接他。廉颇自从做了楚将之后，没有建立任何功勋。廉颇说："我真想指挥赵国的子弟兵啊！"最后，廉颇死在了楚国的寿春。

一一、心直口快的颜斶

齐宣王召见颜斶喊道："颜斶你上前。"颜斶也叫道："大王您上前。"齐宣王满脸不悦。左右臣都责备颜斶："大王是一国之君，而你颜斶，只是区区一介臣民，大王唤你上前，你也唤大王上前，这样做成何体

统?"颜斶说:"如果我上前,那是贪慕权势,而大王过来则是谦恭待士。与其让我蒙受趋炎附势的恶名,倒不如让大王获取礼贤下士的美誉。"齐宣王怒形于色,斥道:"究竟是君王尊贵,还是士人尊贵?"颜不卑不亢回答说:"自然是士人尊贵,而王者并不尊贵?"齐王问:"这话怎么讲?"答道:"以前秦国征伐齐国,秦王下令:'有敢在柳下惠坟墓周围五十步内打柴的,一概处死,决不宽赦!'又下令:'能取得齐王首级的,封侯万户,赏以千金。'由此看来,活国君的头颅,比不上死贤士的坟墓。"宣王哑口无言,内心极不高兴。

左右侍臣都叫道:"颜斶,颜斶!大王据千乘之国,重视礼乐,四方仁义辩智之士,仰慕大王圣德,莫不争相投奔效劳;四海之内,莫不臣服;万物齐备,百姓心服。而即便是最清高的士人,其身份也不过是普通民众,徒步而行,耕作为生。至于一般士人,则居于鄙陋穷僻之处,以看守门户为生涯,应该说,士的地位是十分低贱的。"

颜斶驳道:"这话不对。我听说上古大禹之时有上万个诸侯国。什么原因呢?道德淳厚而得力于重用士

第八章 摩篇

人。由于尊贤重才，虞舜这个出身于乡村鄙野的农夫，得以成为天子。到商汤之时，诸侯尚存三千，时至今日，只剩下二十四。从这一点上看，难道不是因为政策的得失才造成了天下治乱吗？当诸侯面临亡国灭族的威胁时，即使想成为乡野穷巷的寻常百姓，又怎么能办到呢？

所以《易传》中这样讲，身居高位而才德不济，只一味追求虚名的，必然骄奢傲慢，最终招致祸患。无才无德而沽名钓誉的会被削弱；不行仁政却妄求福禄的要遭困厄；没有功劳却接受俸禄的会遭受侮辱，祸患深重。所以说，'居功自傲不能成名，光说不做难以成事'，这些都是针对那些企图侥幸成名，华而不实的人，正因为这样，尧有九个佐官,,舜有七位师友，禹有五位帮手，汤有三大辅臣，自古至今，还未有过凭空成名的人。因此，君主不以多次向别人请教为羞，不以向地位低微的人学习为耻，以此成就道德，扬名后世。唐尧、虞舜、商汤、周文王都是这样的人。所以又有'见微知著'这样的说法。若能上溯事物本源，下通事物流变，睿智而多才，则哪里还有不吉祥的事情发生呢？《老子》上说：'虽贵，必以贱为本；虽高，必以下为

基.'所以诸侯、君主皆自称为孤、寡或不谷,这大概是他们懂得以贱为本的道理吧。孤、寡指的是生活困窘、地位卑微的人,可是诸侯、君主却用以自称,难道不是屈已尚贤的表现吗?像尧传位给舜、舜传位给禹、周成王重用周公旦,后世都称他们是贤君圣主,这足以证明贤士的尊贵。"

宣王叹道:"唉!怎么能够侮慢君子呢?寡人这是自取其辱呀!今天听到君子高论,才明白轻贤慢士是小人行径。希望先生能收寡人为弟子。如果先生与寡人相从交游,食必美味,行必安车,先生的妻子儿女也必然锦衣玉食。"

颜听到此话,就要求告辞回家,对宣王说:"美玉产于深山,一经琢磨则破坏天然本色,不是美玉不再宝贵,只是失去了它本真的完美。士大夫生于乡野,经过推荐选用就接受俸禄,这也并不是说不尊贵显达,而是说他们的形神从此难以完全属于自己。臣只希望回到乡下,晚一点进食,即使再差的饭菜也一如吃肉一样津津有味;缓行慢步,完全可以当作坐车;无过无伐,足以自贵;清静无为,自得其乐。纳言决断的,是大王您;秉忠直谏的,则是颜?。臣要说的,主旨已十分明了,望大王予以赐归,让臣安步返回家乡。"于是,再拜而去。

刘向赞叹说:"颜的确是知足之人,返朴归真,则终身不辱。"

一二、齐国谋臣鲁仲

燕国攻打齐国,夺取了七十多座城,只有莒和即墨两地保存下来。齐将田单就以即墨为据点大败燕军,杀死燕将骑劫。

当初,有位燕将攻占了聊城,可是却被人在燕王那里进了谗言,这位燕将害怕会被处死,就死守在聊城不敢回国。齐将田单为收复聊城,打了一年多,将士死伤累累,可聊城仍然岿然不动。

齐国谋臣鲁仲连就写了一封信,绑在箭杆上,射到城内,信中这样对燕将讲:"我听说,智者不去做违背时势、有损利益的事,勇士不去做害怕死去而毁掉荣誉的事,忠臣总是处处为君王着想而后才想到自己。现在将军竟因一时的激愤,而不顾燕王失去一位大臣,这不是忠臣所为;城破身死,威名不会在齐国传播,这不是

勇士的举动；战功废弃，英名埋没，后人不会称道，这不是聪明人的举动。因此，明智的人不会踌躇不决，勇敢的人不会贪生怕死，如今生死荣辱、尊卑贵贱，都取决于一时的当机立断，希望将军能够三思而行，不要与普通人一般见识。

而且楚国进攻南阳、魏国进逼平陆，齐国压根就没有分兵拒击的意思，认为失去南阳之害，不及攻取聊城之利，所以一心一意攻打聊城。如今秦王出兵助齐，魏国再不敢出兵平陆；秦齐连横之势已定，楚国此刻岌岌可危。何况即便弃南阳、失平陆，只要能保全聊城之地，齐国也会一意孤行，在所不惜。如今楚、魏先后退兵，可燕国的援军仍然毫无消息，齐国既没有了外患，就会与你相持下去直至最终定出成败。一年之后，我恐怕就见不到将军之面了。

总之，攻取聊城是秦国既定不变的方略，你切莫举棋不定。将军知道吗？目下燕国内乱，君臣失措，上下惶惑。燕将栗腹率领百万军队进攻赵国，却屡战屡败，燕国本是万乘强国，却被赵国围困。土地被掠夺，国君遭困厄，为天下诸侯耻笑。现在，大臣不足以倚仗，兵祸连连，国难深重，民心涣散。燕王正处在心惊胆战、

第八章　摩篇

孤立无援的境地，而你却能指挥早已疲惫不堪的聊城子民，抗拒整个齐国的兵马，已历一年，聊城现今仍安如磐石，将军确如墨翟一般善于攻守；士兵们饥饿到食人肉炊人骨的地步，而始终没有背弃你的想法，你确如孙膑、吴起一样善于用兵。就凭这两条，将军足可成名于天下！

因此，我替你打算，不如罢兵休斗，保全车仗甲胄，回国向燕王复命，他一定会很高兴。燕国的官吏子民见到你，会如同见到父母一般敬爱热情，新朋故交会抓着你的胳膊赞扬将军的赫赫战功，这样将军就会名扬天下。然后，将军上可辅佐国君，统制群臣；下可存恤百姓，奉养说客；矫正国弊，改革陋俗，完全能够建立更大的功名。如果将军不愿回去，是否能考虑一下抛弃世俗的成见，隐居于齐呢？我会让齐王赐你封地，与秦国的魏冉、商鞅般富有，代代相袭，与齐并存，这是另一条出路。这两者，一是扬名当世；一是富贵安逸，希望你慎重考虑，选择其中一种。

我还听说过于看重小节，难以建树大功；不堪忍受小辱，难以成就威名。从前管仲弯弓射中桓公的带钩，这是篡逆作乱；不能为公子纠死义，这是贪生惜

命；身陷囚笼，这是奇耻大辱。有了这三种行径，虽乡民野老也不会与之交往，君主也不会以之为臣。如果管仲因此困辱抑制自己的志向，不再出仕，以卑贱的劳作辱没一生。可是他却在身兼三种恶行的情况下，执掌齐国政事，扶正天下，九次召集诸侯会盟，使桓公得以成为春秋五霸之首，他自己也名满天下，光耀邻邦。

曹沫是鲁国的将军，三战三败，失地千里。如果他发誓永远不离开疆场，不顾后果一意孤行，他一定会战死沙场，那就不过是一个丧师身殁的败将而已。这样一来，就不能称为勇士；功名淹没，不能算是聪明。可是，他能隐忍三次败北的耻辱，与庄公重新谋划。齐桓公威服天下之后，召集诸侯会盟，曹沫就凭着一柄宝剑，在祭坛之上劫持桓公，从容不迫，义正辞严，一朝收回失地，天下为之震动。他的威名更远播吴楚而名重后世。以上说的管仲、曹沫两个人，并不是不能遵行小节，为小耻而死，只是他们认为功名未立，壮志未酬，愤而求死是不明智的做法。所以才决定抛弃愤恨之心，成就一生的功名；忍受一时耻辱，建立万世功业。他们的功业可与三王争高低，声名可与天地共短长，愿将军

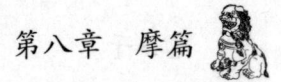

第八章 摩篇

三思而后行!"

燕将深为折服,答复鲁仲连说:"谨遵先生之命。"于是,背着兵器撤军回国。因此说,解除齐兵对聊城的围困,使百姓免遭刀兵之祸,全是鲁仲连的功劳呀!

一三、预言春申君的下场

有一个食客游说楚国的春申君黄歇说:"商汤王靠着亳京兴起,周武王靠着镐京兴起,两个地方都只不过百里大小,而两王却因它们而终于占有天下。现在荀子是天下的贤人,您竟想给他100里土地的势力范围。我私下认为对于您很不利,不知您以为如何?"春申君说:"说得对。"于是就派人谢绝了荀子。荀子就离开楚国到了赵国。赵王封他为上卿。

这时宾客又对春申君说:"从前有位伊尹离开夏地到了殷地,结果令殷王统一天下,而夏朝灭亡。管仲离开鲁国到了齐国,鲁国衰弱而齐国强盛了。可见贤人在哪里,哪里的君王不能不显达,国家不能不荣耀。现在荀子是天下的贤人,您怎么让他告辞而去?"春申君说:"说得对。"于是春申君就派人到赵国请荀子。这时荀子

鬼谷子

就写了一封信辞谢说:"生癞的人还可怜被臣子杀死的国王,这虽然是一句很不礼貌的话,但不能不加思考。这是针对一般被臣子杀死的国君而说的。如果人主年轻又矜持自己的才能,又没有方法和手段识别奸邪的人,那么大臣就要专横跋扈独断专行。为了禁绝自己的灾难,他们就要杀死有才能年长的君主,拥立年幼、体弱的君主,废弃正直的人,抬举不义的人。

告诫人们:'楚国的王子围,到郑国去访问,还没等他走出境,就听说父王生病,于是他就返回来探问病情。不料却乘机用帽缨把楚王勒死,而自立为王。齐国崔杼夫人长得很美丽,齐庄公和她私通,崔杼率领家臣攻打庄公。庄公请求和他共分齐国,崔杼不答应;庄公又要求到祖庙去自杀,崔杼也不答应。却要庄公逃命,可他刚跳过外墙,崔杼就射中他的大腿,并杀了他,立庄公的弟弟景公为王。'

近来所看到的,李兑在赵国专擅朝政,在沙丘让赵主父饿了100天终于困死他;淖齿在齐国掌权,竟然抽齐闵王的筋,然后把闵王挂在庙梁上,隔了一夜把闵王活活吊死。因此说长癞疮即使是胎带的肿毒,但是如果往上和古代的帝王相比,还不至于被臣子用帽缨勒死,

第八章 摩篇

或者被臣子用箭射死；如果往下和近代帝王相比，也不至于被臣子抽筋吊死，更不会被臣子绝食活活饿死。可见被臣子杀害的君主，心神所受的忧劳和形体所受的痛苦，必定比生癞病的人还要厉害。由此看来，连生癞疮的人还可怜国王也有道理。"

于是荀子在信尾附一首诗，写道"珍贵的隋侯珠，不知道佩戴。皇家的龙袍和粗丝，不会分开。梁国的美女闾姝和郑国的美女子奢，没有谁迎娶，却向丑女嫫母求婚，又很喜爱。把瞎子说成眼光明亮，把聋子说成听觉灵敏，以是为非，以吉为凶。唉！天啊，为什么不分好坏！"

一四、班超智取莎车国

东汉时，汉将班超征服了于阗和疏勒之后，又调集了两万人马，准备进攻莎车。龟兹国王听说之后，派了5万大军增援莎车。

班超分析了当时的形势，敌军强大，人多势众，正面交锋没有取胜的把握，而万一失利不但莎车没攻下来。就连别的同汉朝友好的国家也会重新回到匈奴的怀

鬼谷子

抱中。他想出了一条退敌妙计，以便出奇制胜挫败强敌。

班超召集了诸将开会，同时请于阗国王参加。他说："目前的形势是敌强我弱。硬拼必然招致失败。既然这样。我们不如以走为上计，及时撤退。于阗的军队往东撤，其他人跟我往西撤。半夜时，大家以鼓号为令，开始行动。如果听不到鼓声就不要擅自行动。以免被敌人偷袭。"

班超的一番话很出大家的意料。诸将素知班超的勇气和谋略，现在他却遇强敌不敢交锋，反而提出撤退的计划，于是都很不满。班超要撤退的消息很快便在汉军兵营中传开。班超不动声色，又让人有意放跑了几名俘虏，让他们回去充当"信使"。

龟兹国王听说班超要撤军，便急忙部署兵力，派了一支人马埋伏在西路，另一支人马埋伏在东路。企图一举歼灭汉军。这样，莎车的守军只剩下很少的兵力了。班超得知敌人的伏兵已经出发后，便指挥汉军突然袭击莎车。莎车守军一来人少，二来毫无防备，很快便被击溃。莎车国王见势不妙，只好投降了汉军。龟兹国王听说班超征服了莎车国，只好撤兵回国。

第八章 摩篇

一五、刘秀智勇破界军

西汉末年,皇室外戚王莽篡权。各地纷纷起后造兵,刘秀也加入了反对王莽义军的行列。义军频频告捷。攻陷了不少城镇,锋芒直指王莽的都城洛阳。

王莽急忙派王邑和王寻率领43万大军前去镇压起义军。莽军把眼光盯住了义军占据的昆阳城。当时义军虽已发展到10万之众,但大都分散在各地。留守昆阳的仅8000余人。

昆阳城里的义军听说王莽派了数十万大军来攻,惊恐不已。义军偏将军刘秀一面开导大家,一面积极出谋划策,同其他将领共商破敌大计。刘秀提出,一方面大力加强防备,同时由他亲率一些人马出城求援。他的建议得到了大家的赞同。

当天晚上,刘秀带领13名精壮士兵,冲出重围,出城去讨救兵。当刘秀率援兵返回昆阳城时,"王莽的数十万大军已经把昆阳包围得水泄不通。义军援兵数量不多,即使加上城内守军,比起数十万莽军来。也是处

于劣势,刘秀清楚,如果同莽军硬拼,势必遭败,只宜智取。

刘秀思考良久,得出一个大胆的作战方案:从援军中抽调精壮士兵组成敢死队,首先冲入敌营,援军主力紧随其后,集中力量猛攻敌军中营,使敌人指挥失灵。同时,通知守城部队出击,配合援军的行动,形成内外夹攻的有利形势。

预定的进攻时间到了,刘秀率领3000名敢死队从昆阳城东迂回到城西,渡过昆河,突然向敌军中营发起了进攻。王邑和王寻被义军的突击惊呆了,一时竟弄不清这支队伍是什么来头,便命令各部人马不得擅自行动,二人亲率一万兵力前去迎战。刘秀见莽军主力都按兵不动,只有一万人马来截击他们,不由大喜,指挥3000名敢死队员向敌人猛扑过去。王邑、王寻的一万人抵挡不住敢死队的冲击,很快便乱了阵脚。莽军其余各部见状,欲出营助战,却又慑于不许擅自行动的严令,于是都按兵不动,眼睁睁地看着刘秀的敢死队把自己的中营打得溃不成军。莽军主帅王寻在乱军中丧生,王邑则狼狈逃走。莽军其他各部因为没了主帅,开始混乱起来。

昆阳城中的义军，见自己的援军首战告捷，士气大增。他们将城门打开，呐喊着冲了出来，配合援军的行动。正在这时，暴雨倾盆而下，莽军以为天助义军，便更加慌乱，还没怎么同义军厮杀便四下逃散。溃逃的莽军在争先恐后渡河时，又逢河水暴涨，被淹死了好几万人。王邑如惊弓之鸟，收拾起几千残余莽军，急急忙忙逃回了洛阳。义军大获全胜。

一六、曹操借力打力

建安二十四年（公元219年），刘备为汉中王，任命关羽为前将军，授予总领各路军马的大权。这年，关羽率领军队在樊城攻打曹仁。曹操派于禁援助曹仁。秋天，大雨连绵不断，汉水泛滥，于禁统领的七路兵马全被淹没。于禁投降了关羽，关羽又杀了将军庞德。梁县、郏县、陆浑等地的各路盗寇有的在远处接受关羽的官印称号，成为他的支系同党，关羽威震中原地区，曹操提议迁离许都避开关羽的锋芒，司马宣、蒋济认为关羽得志，孙权肯定不会情愿。可以派人劝说孙权偷袭关羽后方，并许诺事成后分割长江以南的地方封赏孙

权,那么樊城之围就自然而解了。曹操听从了他们的建议。在这事以前,孙权派使者为儿子向关羽的女儿求婚,关羽辱骂孙权使者,不答应这门婚事,孙权非常愤怒。加之在江陵的南郡太守糜芳,驻公安的将军士仁,向来都嫌关羽轻视自己。关羽出兵征战,糜芳、士仁当供应军需物资,但不是全力救援。关羽说:"回师后,一定要惩治他们!"糜芳、士仁都恐惧不安。这时,孙权暗中劝诱糜芳、士仁,糜芳、士仁派人迎接孙权。而曹操又派徐晃援救曹仁,关羽不能攻克,率军退回。孙权占领了江陵,俘虏了关羽的全部兵马和妻室儿女,关羽的军队于是溃散。孙权派将领迎击关羽,在临沮杀了关羽和他的儿子关平。

一七、有勇无谋的吕布

袁术想结交吕布作为自己的外援,便替他的儿子求吕布的女儿作妻子,吕布答应了他。袁术派使者韩胤把他想称皇帝的图谋告知吕布,同时要求迎接儿媳妇。沛相陈珪恐怕袁术、吕布联姻后,徐州、扬州联合在一起,将是国家的灾难。于是去劝吕布说:"曹操奉迎皇

第八章 摩篇

帝，辅佐国政，威武英明闻名遐迩，将要征服天下，将军只有与他同心协力联合谋划，才能使自己如泰山一样安稳。今日和袁术结成婚姻亲家，承受天下不义的名声，必定处境危险。"吕布也怨恨袁术当初不容纳自己，女儿已经上路，他就派人追回，断绝了亲事，给韩胤套上刑具送走，押到许昌枭首示众。陈珪想要派儿子陈登去见曹操，吕布不肯派。恰好此时曹操的使者来到，任命吕布担任左将军。吕布欣喜若狂，就听从陈登去京城许昌，并且要他带着奏章去谢恩。陈登见到曹操，向他报告了吕布有勇无谋，轻率与人离合，要早点对他下手。曹操说："吕布是狼子野心，实在难以久养，除了你没有人能如此推究了解实情。"于是增加陈珪的俸禄为中二千石，任命陈登担任广陵太守。临分别时，曹操拉着陈登的手说："东面之事，托付给你了。"要陈登暗地集结部队作为内应。

起初，吕布委托陈登向朝廷要求得到徐州牧的官职，陈登回来后，吕布发怒，拔戟砍在桌子上说："你的父亲劝我协助曹操，同袁术断绝亲事；今天我请求的却一无所获，可你们父子倒都显赫起来，我被你们出卖了！你对我说说，曹操是怎么说的？"陈登对此面不改

色,慢慢开导说:"我见了曹操,对他说:'养将军譬如养虎,要使它吃饱肉,不饱就要咬人。'曹操说:'不是象你说的那样。养将军譬如养鹰,饿的时候我能用它,饱的时候就飞走了。'他就是这样说的。"吕布的恼怒才消解。

一八、言而有信的季布

季布,秦朝末年楚国人。此人性情耿直,乐于助人,最可贵的是他特别讲信用,凡是他许诺过别人的事,无论如何他都会想方设法办到,兑现承诺,从不食言,哪怕是赴汤蹈火,也在所不辞。

对于季布义侠诚信的品行,人们莫不交口称赞。后人常用"一诺千金"说明诺言的重要,并表示对别人诺言的尊重和信任。当时在楚地就流传着这样一句话:"得黄金百斤,不如得季布一诺。"意思是说,如果能得到季布的一句应诺,比得到什么都宝贵。

楚汉战争时,季布和他的舅舅丁公都是楚军将领。季布骁勇善战,曾多次奉西楚霸王项羽的命令围困汉军,近使汉王刘邦一退,险些儿丢了性命。及至项羽乌

第八章 摩篇

江自刎以后,其舅舅丁公归附了刘邦,季布不愿投降,不得不落荒而逃。

刘邦在楚汉战争中获胜,建立了汉王朝,当上了皇帝,这就是汉高祖。刘邦对季布恨之入骨,于是发出诏令,以千两黄金为赏捉拿季布。诏令中还写道:"谁要胆敢窝藏季布,不但本人格杀勿论,还要罪及三族,满门抄斩。"季布只得东躲西藏,四处逃命。

俗话说:"善有善报,恶有恶报。"季布平生取信于人,做了那么多侠义的事,在他危难之际,也就不可能会没有人救他。这是天理,也是人情。

一天,季布躲到了濮阳(今属河南)一周姓人家中。周氏知道他是季布,就对他诚恳地说:"汉朝捉拿将军,马上就要搜查到我家。不是我不愿藏匿将军,实在是形势急迫,不便藏匿。将军如果愿意听我之言,我就斗胆献上一计;如果不愿听,我情愿先得自杀,以报答将军的恩德!"

季布没有别的办法,只好答应听他的。周氏便让季布剃掉头发,带上颈箍,穿上粗布衣服,打扮成奴隶。然后把他装在柳条车中,送到原来的鲁国,改名换姓,卖给了一位叫朱家的义士。

鬼谷子

朱家心知他是季布，有心要保护他。买下后便让他去管理田园，又嘱咐儿子道："田园的事就让他做主，吃饭时要和他同桌。他曾经有恩于我，你要好好待他！"然后，自己则采办了些礼物，轻车快马赶到洛阳，求见汝阴侯滕公。

滕公留他住在家中，喝了几天酒。席间，他向滕公问到："季布犯了什么大罪，陛下这么急于抓他？"滕公答道："季布曾助项羽多次围困陛下，差点要了陛下的命。所以陛下非常恼恨他，非要抓到他不可。"朱家又问道："您看季布这个人怎么样？"滕公道："这谁人不知，哪个不晓，他不仅是个有名的诚信之士，而且是个不可多得的人才！"

朱家见滕公如此说，就趁机劝他为季布说情。于是说道："人臣各为其主，季布为项羽效力，不过是他的职责。当过项羽的下属的，难道可以斩尽杀绝吗？如今陛下刚得天下，正是用人之时，却偏偏因为个人的一点恩怨追杀一个人，这在天下人面前显得何等小肚鸡肠啊！况且，季布这样的人才，如果苦苦追逼下去，那他不是北投胡人，就是南奔越地。记恨壮士而导致资助敌国，这不是造成伍子胥掘楚平王墓而鞭尸的原因吗？您何不找个机会将这些道理奏明陛下呢?"

汝阴侯滕公知道朱家颇有侠肝义肠,现在又听他这么说,就知道季布可能藏在他家里。于是便答应为季布说情。

过了不久,滕公借故去面见汉高祖刘邦,并说道:"皇上刚得天下,正是用人之时,却因个人的私怨下令捉拿季布,这恐怕不是高明之举。况且季布是个侠义之士,国人皆知'得黄金百斤,不如得季布一诺',因而天下的人都敬重他,朋友更是愿意以死去保护他。如今皇上追捕得紧,说不定他已经北走匈奴或南逃越国了。皇上何不赦免季布,使天下皆知皇上珍爱贤才呢?"

滕公的这一席话,说得汉高祖刘邦频频点头。于是,他特赦季布,并召见季布,封季布为郎中。

一九、执法严明的董宣

董宣,字少平,汉陈留郡圉县(今河南陈留东南圉镇)人。做过北海相、江夏太守,为官清廉,执法严明。

董宣在任北海相时，请当地很有势力的豪强公孙丹当了郡中的武官。这下，公孙丹更加肆无忌惮，横行霸道。他准备建造自己的新住所时，请来的算卦先生说"当有死者"，因而，在破土动工前，他就让自己的儿子把一个过路的行人杀了，把尸体埋在房基地下，以求逢凶化吉。

董宣知道此事后，立即派人捉拿公孙丹父子，斩首示众。公孙丹的亲信三十多人不服，拿着兵器向董宣示威。董宣查明这一伙人的罪行，将他们逮捕入狱，后来又顺从民意，把他们全部斩首，以平民愤。

这样一来，董宣惹怒了他的上司青州太守。于是一纸奏书上去，将董宣等九人关进监狱，判处了死刑。就在刑场上轮到董宣受刑时，光武帝的特使火速赶到，宣读圣旨，命令把董宣等人送进监狱。接着光武帝又派人了解事情原委，当他得知真相后，确认董宣没有错，下诏书赦免了董宣，并派为宣怀令。

当时，令光武帝很烦心、很恼火的一件事是：住在京城的皇亲国戚，专横跋扈，连奴仆们也依仗主子的权势胡作非为，地方官都不敢管。为了改变这种状况，光武帝就任命董宣为洛阳令，以此约束皇亲权贵的不法

第八章 摩篇

行为。

董宣认为,执法贵在一个"严"字。朝廷制定王法,不能只管老百姓,就是豪门贵族、皇亲国戚犯法,也同样要严加制裁。他在做洛阳令期间,严格执法,力抑豪强,京师震栗,被人们称做"卧虎"。

董宣到任不久,就碰到了一件棘手的案子:光武帝的姐姐湖阳公主的一个家臣在外边杀了一个人。按照王法,杀人者应当抵命。

董宣心想:要是湖阳公主的家臣杀了人就不治罪的话,那怎么能治理好京师呢?但是他又没有办法到湖阳公主那里去捕人。于是,他就带人天天在外边等着那个家臣出来。

一天,湖阳公主坐着马车出游,跟随她的正是那个家臣。董宣看到后,立即叫衙役上去拦住公主的车驾,抓捕了那个家臣。

湖阳公主觉得董宣在光天化日之下这么做有损她的尊严,因此怒不可遏,大声斥责说:"大胆洛阳令,你有几个脑袋,竟敢拦我的车子、抓我的家臣!"

董宣毫不畏惧。他拔出宝剑来往地上一划,当面责备公主不该放纵家臣杀人,并掷地有声地说:"杀人者

鬼谷子

抵命,这是朝廷的王法。您的家臣也不能例外!"说着,就让衙役把那个家臣拖下来立即杀了。

这一下可把湖阳公主气坏了。她马上赶到宫里,向光武帝哭哭啼啼诉说董宣怎样欺侮她,要光武帝好好教训教训他。光武帝听了,也怪董宣不该冲撞公主。

光武帝立即召董宣进宫,吩咐人当着公主的面用刑杖杖打董宣。董宣沉着镇定地说:"我请求说完话再死!"光武帝怒气冲冲地问:"你还有什么话说?"

董宣昂首挺胸,义正词严地说:"陛下中兴汉室,其德业可谓至高无上,但却放任家臣乱杀无辜良民,还将凭什么去治理天下呢?您用不着打,请准许我自杀!"说着就用头撞击殿柱,顿时血流满面。

光武帝赶紧叫小太监拉住董宣,要他不要再撞了,同时吩咐他给湖阳公主磕个头、认个错,顾全一下公主的面子。但是董宣不肯。小太监就把他的头往下摁,董宣则两只手撑着地挺着脖子,就是不低头认错。

机灵的小太监明白不会真的把董宣治罪,也为了给公主留个面子,就大声回话说:"回皇上的话,董宣的脖子太硬,按不下去!"光武帝听后,笑着对湖阳公主说:"董宣的脖子很硬,你看怎么办呢?"

第八章 摩篇

湖阳公主知道光武帝是在袒护董宣，不满地对光武帝说："您当平民的时候，也暗藏过逃亡和犯罪的人，官吏们都不敢上门来找；现在您贵为天子，威权就不能行使在一个小小的县令身上吗？"

光武帝又笑了笑，说："就是因为我当了天子，所以不能再像过去做平民时那样干了。现在我要考虑如何治理国家，考虑如何取信于民。"接着，就下令让这个硬脖子的县令出去了。

为了嘉奖和支持董宣执法严明，光武帝赏赐给董宣钱三十万。董宣自己分文未留，把这三十万赏钱全部分给了手下的官吏。

此后，董宣在光武帝的支持下，依法严厉打击那些骄横霸道的不法之徒，就是贵族豪门，以至皇亲国戚，也不敢不收敛了。他自己也威名大振，被人们称为"强项令"。

董宣居官清廉，直到七十四岁死在任上。董宣死后，光武帝派使者前去吊唁，使者看到董宣的尸体用布被裹着，家中只有一辆破车，几斗大麦。光武帝得知这一情况后，感慨地说："董宣这样廉洁，到他死了我才知道！"于是，下令以大夫的规格安葬了他。

鬼谷子

二〇、黄雀的规律

汉代有一个人叫杨宝。传说他九岁那年，有一次从华阴山北面经过，看见一只猫头鹰追赶一只黄雀，黄雀被猫头鹰抓伤后，掉在了树下。

杨宝赶紧过去一看，黄雀浑身伤痕累累。不能动弹，十分痛苦。杨宝很同情黄雀，小心地用手将它捧起，带回了家中。

回到家后，杨宝将黄雀放在一只小箱子里，每天都精心地照料它，用洁净的清水和新鲜的黄花喂养它。慢慢的，黄雀身上的伤口好了，吃的东西也一天天多了起来。

大约一百天以后，黄雀的伤痊愈了，羽毛也重新长得丰满光滑，它终于又能在天上高高地飞翔了。但黄雀不舍得离开杨宝，它每天白天飞到外面玩耍觅食，晚上又飞回杨宝身边。几天之后，黄雀终于飞走了再也没回来过。

一天夜里，杨宝读书到了三更时分。忽然从门外走进一个穿黄衣服的童子，向他跪拜行礼。杨宝异常诧异

第八章 摩篇

地地问他是谁,来干什么。童子再次下拜,毕恭毕敬地对他说:"我就是你救出的那只黄雀,本是西王母的使者。那天我奉王母之命出使蓬莱,途中不慎被猫头鹰伤害。若不是你以仁爱之心救治我,我早已死于非命。纵使千言万语,也难以表达我对你的感激之情。"说完,他取出四个白色的玉环赠给杨宝,并对他说:"祝你的子孙如这玉环般洁白,位居三公。"说完他就立即消失了。果不其然,后来杨宝的后代都做了大官。

二一、李世民对话颉利可汗

唐太宗与侍中高士廉、中书令房玄龄、将军周范骑着六匹马来到渭水边上,和颉利隔河说话,责备他背叛盟约,突厥的酋长们都大为惊恐,纷纷下马拜见。不一会儿,各路军队陆续到达,颉利看见太宗的军容强盛,又考虑到执失思力被囚禁,因此极为害怕。

唐太宗独自与颉利隔河对话,指挥各军后退并列成阵势。萧瑀认为太宗轻敌,到马前极力劝谏,太宗说:"我已经计谋好了,不是你所知道的。突厥之所以出动全境的人民,径直进军到渭水边上,必定是因为听说我

鬼谷子

们国家开始有内部的动乱,现在我又刚刚登上皇位,认为我们将会不敢迎战。我如果闭门不出,敌军必定大肆房掠,谁强谁弱的形势,就在今天的一战。我因此独自出来,用来表示对他们很轻视洞时炫耀军威,让他们知道今天非战不可。事情出于他们的意料之外,敌军已经深人我国土地,按常理他们应当自己恐惧。这样,与他们作战必然胜利,与他们讲和必然有利,要制服匈奴,就从现在开始了。"这天,颉利请求讲和,太宗下诏同意,太宗的车马也在这天返回都城。

乙百日,太宗来到城西,杀白马作誓,与颉利在便桥之上共同订立盟约,颌利然后带兵退却。萧瑀上疏说:"当初,颌利还没有请求讲和时,谋臣猛将多数请求作战,陛下却不采纳,我也感到疑惑。不久敌军自己退却,这其中的计策是什么呢?"皇上说:"我观察突厥的士兵,虽然人多却不整齐,他们君臣的打算,只是贪图财利。可汗独自在河的西边,他的酋长们都来拜见我。我如果趁机袭击他们的部众。必然象摧枯拉朽一样。这样我已经命令长孙无忌、李靖在幽州设下埋伏等待他们,敌军如果拼命逃跑,伏兵在前面截击他们,大部队在后面追击他们,那么消灭他们易如反掌。我之所

第八章 摩篇

以没有作战,是因为我刚即位不久,治国的道理,以安静为本。一旦与敌军开战,必然就有死亡伤残;而且敌人一定害怕,然后修理内政,与我国结下怨仇,造成以后的祸害就很大。我现在收起武器,送给他们玉石丝绸。敌人的骄傲放纵,必定就从现在开始了,他们逐渐走向衰亡的道路,大概就在这里吧!如果想要夺取它,就一定要首先给予它,说的就是这个道理。"九月,颉利贡献良马三千匹,羊一万头,太宗没有接受,要求颉利把掳擦去的中国人口全部归还。

二二、思路开阔的孙嘉淦

乾隆三年(公元1738年)十月,孙嘉淦被任命为直隶总督。当时京畿附近酒禁十分严厉,犯法的人很多。

孙嘉淦说:"前任总督李卫在职期间,一年中因私自酿酒获罪的有三百六十四起案件,犯法的有一千四百多名。我到任一个月,私自酿酒获罪的有七十八起案件,犯法的三百五十余人。这不过是申报的罢了,府、厅、州、县自行完结的案件,尚不知还有多少。吏役兵

了已经抓获而又因接受贿赂放掉的，又不知道还有多少。一个省这样，其他省可想而知。皇上好生恤刑，命盗案件犯了重刑的，还要再三斟酌议论，寻求一线可以原谅的生路。如今因为日用饮食的缘故，官吏兵丁以搜查私自酿酒为利薮，百姓软弱者失业，强硬者犯法，盐枭没有肃清，酒泉又兴起了，天下骚然不靖，很不是政体。我前次说酒禁应该在欠收的年成，不应该在丰年，这还是属于书生谬论。我亲身担任这方面的政事，才知道夺取民众的资财而加以破坏，毁坏民众的肌肤而加以鞭打，取消民众的生计而加以禁铜。饥馑的时候，民心不稳定，失业既然严重，什么事情干不出来？欠收年成不可禁酒。比丰收年成禁酒更加不可行。《周礼荒政》中'舍禁去讥'的说法，是因为有田地的原故。而禁酒的实行，且不说恬恬骚扰了民众，而实际上最终还是不能禁止。即使禁酒不骚扰民众，并且能够永远禁止，而对贫民生计、米谷储藏，不仅没有好处，而且有所损害。制造酒浪费了粮食，这是指黄酒而言，其曲必须用小麦，其米则需要糯米，这都是五谷最精华的所在。至于烧酒则用高粱，搀杂以豆皮、黍壳、谷糠，酒曲用大麦做成，本来不是每天要食用的粮食，而豆皮、黍壳、

第八章 摩篇

谷糠之类，原本属于废弃物品，混杂起来做成酒，可以卖钱，酒糟可以用来饲养家畜。化无用为有用；不是制作无益的东西而妨害了有益的东西。如今要是禁止酿造烧酒而且一并禁止酿造黄酒，则没有用来供祭祀、宴请宾客、养老的东西。如果不禁止黄酒而只禁止烧酒，这样就会节省大麦、高粱等粗而贱的东西，更加耗费小麦、糯粳等粗而贵的东西，我说这是对民众储蓄没有好处的做法。各种工匠所制作的，都需要换成粮食，太贵则损害末业，太贱则损害农业，恰如其分，则农业和末业都有利。因此，农业有欠收的荒年，也有丰收的荒年，十年之内，欠收的年成占十分之三而丰收的年成占十分之七，则谷物应该有渠道流通，不能仅仅积存不用。北方农田不种高粱，则没有用来做柴火、席子、屋墙的东西，种植了用其秆秸，则其颗粒应该有出售的地方。烧锅既然被禁止，富民不买高粱，贫民又收获了高粱，这样虽然贱价也卖不出去。高粱卖不出去，而酒又为必需的物品，则必须卖米谷而买黄酒。过去一年之内，八口人的家庭，卖高粱的价钱，可以得到七八两，如今只有二三两了；而买黄酒的价钱，则需要花费七八两。收入少而支出多，又加上批糠等物堆积着不能换成

钱，自然的利源丧失。日用所需，只有靠卖米麦。出卖米麦，则家中没有存粮；朵卖不出去，则各种用度都缺乏。我所说的有损于民众生计的就是这个。民众趋从利益，如水往下流。没有利益的地方，虽然奖励却不去做。利益所在的地方，虽然禁止却更加盛行。烧锅禁止则酒必然减少，酒减少则价钱必然昂贵，价钱昂贵则私自烧酒的利润十倍于过去。有十倍的利益的地方，民众必然冒着性命危险去做。

　　孟子说'君子不以所养人者害人'，本来是民众生计，却如此骚扰，则立法不能不谨慎。"奏疏呈上，诏令驰禁。

第九章 权 篇

第六章 财富

第九章 权篇

权①篇第一

说者②,说之也;说之者,资之③也。

饰言④者,假之也;假之者,益损⑤也。

应对者,利辞也;利辞者,轻论也。

成义者,明之也;明之者,符验⑥也。

难言者,却论也;却论者,钓几⑦也。

佞言者,谄而于忠;谀言者,博而于智;平言者,决而于勇;戚言者,权而于信⑧;静言者,反而于胜。

先意承欲者,谄也;繁称文辞者,博也;策选进谋者,权也;纵舍不疑⑨者,决也;先分不足⑩而窒非者,反也。

【注释】

①权:本意是称砣,天平上用的砝码,可以衡量物量的变化。

②说者：道藏本为"说之者"，据乾隆本、嘉庆本改。以陶弘景注"说者，说之于彼人也"一句观之，也应无"之"字。

③资之：意谓要使他人接受，就要利用他人的思想情绪，借助他人的思维和行为方式。资，利用，借助。

④饰言：即修饰辞令，运用修辞、逻辑手段曲折表达自己的看法。

⑤益损：强化和弱化。强化语言力量，弱化心理障碍。

⑥符验：得到印证。此下嘉庆本有"言或反覆，欲相却也"之句，系以注文作正文之误。

⑦钓几：诱出心中隐秘。陶弘景注："求其深微曰钓也。"

⑧戚言者，权而于信：这句意思是说，戚言就是以为人着想、策选进谋来求取诚信的名声。陶弘景注："戚者，忧也，谓象忧戚而陈言也。"

⑨疑：道藏本作"宜"，据嘉庆本改。

⑩先分不足：自己有所不足之处。

【译文】

所谓游说，就是劝说别人听从自己的主张；劝说别

第九章 权篇

人,就要凭借利用其思想情绪。

修饰言辞,就要借助例证充实言辞的力量。借助言辞,就要增减话语以适合对方心理。

回答对方的疑问和诘难,一定要使用锋利的言锋;锋利的言辞,就是轻便灵活。

阐明主张的言辞要顺理成章,是为了便于人听懂。使人明白易懂,是为了与事实相符,用事实来验证。言辞或有反复使用的情况,是为了打消对方疑虑。诘难的言辞,是为了反驳别人的言论。反驳的目的是为了引诱对方说出心中所隐藏的机密。

用花言巧语说辞的,是想谄媚而得到忠心耿耿的美名;用阿谀奉承的说辞,是想炫耀说辞而得到聪明的美名;采取直来直去的言辞,是为了显出果决的样子,得到勇者的名声;故作忧愁的说辞,是想以装腔作势的方式得到忠信的名声;用稳重沉着的姿态说辞的,自己本有不足,想借助反驳别人来取得胜利。

在对方的意愿欲望还没有说出之先,就摸准了他的心愿,去迎合他、满足他欲望,这就是"谄"。言谈时博采辞藻来炫耀的就是"博";精选谋略而进献策略的,就是"权";进退果断,该说则说,该止则止,毫不犹

豫地表示态度,就是"决";掩饰自己的不足,反过来责备他人的缺陷过错,这就是"反"。

【感悟】

想说服别人听从自己的主张,要用犀利的言辞陈述其中的利害,要让对方知道一意孤行的严重性,打动对方,使其自愿采纳自己的建议,按自己的意图办事。

【故事】

一、马不入厩

"马不入厩"形容官吏廉洁从政。

此典出自《后汉书·张奂传》:"使马如羊,不以入厩;使金如粟,不以人怀。"

东汉时期,有一个人叫张奂,字然明,敦煌渊泉(今甘肃安西县)人。汉桓帝永寿元年(公元155年),出任安定属国都尉。他刚到任的时候,南匈奴派兵七千多人侵扰闹事。张奂兵少,就联合东羌人,打败了南匈奴的军队,南匈奴七千多人全部投降,边界一带平安无事了。

羌族首领很感激张奂的恩德,就献给他二十匹马。

第九章 权篇

羌人先零部落的酋长又送给他八枚金银制成的耳环。张奂表面上收下了这些礼物,背地里却把主簿叫到羌人面前,说:"即使马像羊那样小,也不要牵入我的马厩;即使金子像谷粒那样小,也不要装进我的怀里。"他命令主簿把金子和马匹全部还给了羌人。羌人非常尊重清廉的官吏。以前,安定属国的八任都尉都贪图钱财,羌人对这些贪官污吏十分憎恶。张奂则以身作则,为政清廉,他的威望极大地改变了当地的社会习俗和风气。

二、黄羊任人

"黄羊任人"这个典故比喻大公无私、任人唯贤、因材荐录的崇高精神。

此典出自《吕氏春秋》:"晋平公问于祁黄羊曰:'南阳无令,其谁可而为之?'祁黄羊对曰:'解狐可。'

平公曰:'解狐非子之仇邪?'对曰:'君问可,非问臣之仇也。'平公曰:'善。'遂用之,国人称善焉。

居有间,平公又问祁黄羊曰:'国无尉,其谁可而为之?'对曰:'午可。'平公曰:'午非子之子邪?'对曰:'君问可,非问臣之子也。'平公曰:'善。'又遂

用之,国人称善焉。"

这段话意思是说:

晋平公问祁黄羊说:"南阳没有县官,你觉得哪个人可以去做县官?"祁黄羊回答说:"解狐可以。"晋平公说:"解狐不是你的仇人吗?"祁黄羊说:"你问我谁可以当县官,没有问谁是我的仇人。"晋平公说:"好。"于是晋平公便任用了解狐,百姓都称赞解狐是个好县官。

过了一段时间,晋平公又问祁黄羊说:"国家没有法官,你看谁可以胜任这个工作呢?"祁黄羊回答说:"祁午可以。"晋平公说:"祁午不是你的儿子吗?"祁黄羊回答说:"您问谁可以(做法官),并没问谁是我的儿子。"于是晋平公又任用了祁午,百姓都赞扬祁午是个好法官。

三、以邻为壑

"以邻为壑"比喻把灾祸、困难、危险推给别人。

此典出自《孟子·告子下》:"白圭曰:'丹之治水也愈于禹。'

第九章　权篇

孟子曰：'子过矣！禹之治水，水之道也，是故禹以四海为壑。今吾子以邻国为壑。水逆行谓之洚水。洚水者，洪水也。仁人之所恶也。吾子过矣！'"

这段话意思是说：魏国有一个人叫白丹，字圭。他曾经用筑堤坝的办法治理泛滥的洪水，在局部地区收到了一些好的效果。因此，他洋洋得意地说："人们都说夏朝的大禹治水有功，舜还把帝位让给他。实际上，我治理水患比大禹高明多了。"

孟子对白丹说："你错了！大禹治水，是依据水流的规律治理的。他采用疏通的办法，让洪水流到河海里，把大海当做蓄水的地方。而现在你治水，却把邻国的大片良田沃土当做蓄水的沟壑。水逆流、倒流叫做'洚水'，'洚水'就是为害的洪水。你使洪水在邻国泛滥，造成灾害。这种做法是有仁爱之心的人所深恶痛绝的。你的说法是错误的！"

四、以强凌弱

"以强凌弱"意思是凭恃强大，欺负弱小。

此典出自《庄子·盗跖》："尧舜作，立群臣，汤

 鬼谷子

放其主，武王杀纣。自是以后，以强凌弱，以众暴寡。汤武以来，皆乱人之徒也。"

《庄子》这部书中记载这样一个故事：

孔子有位朋友，名叫柳下季，他的弟弟名叫盗跖，是出了名的大强盗。据说盗跖带领九千兵马，横行天下，侵扰诸侯，掠牛抢马，百姓叫苦不迭。有一次孔子对柳下季说："先生是当今世上的才子，可是弟弟却是强盗，为天下所耻笑，这是你做兄长的过错呀，既然是兄长，就应该能教导弟弟呀，我真为你感到羞耻呀！我去劝告他，如何？"

柳下季叹了一口气，说："先生哪里知道，我那个弟弟呀，心如泉涌，意如飘风，顺心则喜，逆心则怒，他根本不听别人的话呀，我看你也不必去劝他，他常用语言污辱人的……"

"不，我还是去劝劝他！"孔子让颜回驾车，子贡陪着，一块去寻找盗跖。

盗跖听说孔子来见他，勃然大怒，咬牙切齿地骂道："是那个鲁国的伪人吗？他不种地就吃饭，不织布就穿衣，整日里摇唇鼓舌，惹是生非，迷惑天下君主，欺骗各地弟子，他罪大恶极，赶快把他赶走，不然就摘

第九章 权篇

下他的心肝作为我的午饭!"

孔子见到盗跖,耐心地劝他说:"你身长八尺,相貌姣好,两眼炯炯有神,牙齿洁白,是位仪表堂堂的男子汉,可是却被人称为强盗,我为你感到羞耻呀!如果你听从我的劝告,我可以南使吴越,北使齐鲁,东使宋卫,西使晋楚,给你造大城数百里,尊你为诸侯,从此以后你不要弄刀舞枪、侵扰万民,这可是贤人才士的行为啊!"

盗跖怒目圆睁,大声斥责孔子说:"算了吧,孔丘你不要骗人了,什么大城诸侯,城再大还有天下大吗?尧舜有天下,可他们的子孙却无立锥之地;汤武立为天子,但他的后世却灭绝了。我知道上古时候人少而禽兽多,人住在树上。后来人们耕种取食,纺织取衣,互相之间没有相害之心。然而自从有了黄帝以后,战争不断,尧舜设立群臣,商汤击败夏桀,周武诛杀殷纣,都是以强大欺凌弱小,以人多压迫人少的。自从汤武以来,一直都是征伐杀戮。而你现在却把文武那一套东西教给后世,散布谎言,蒙蔽天下之主,而想求得富贵,所以说天下的盗贼没有比你更大的了,天下人为啥不叫你盗丘,而偏叫我盗跖?"

 鬼谷子

孔子碰了一鼻子灰，赶忙跳上车离开盗跖，他目光呆滞面如土色，一连跑了三天，才回到鲁国。在东门外他遇到柳下季，柳下季问候说："几天不见，看车马的样子你好像出远门了，是不是去找盗跖去了？见到他了吗？"

孔子仰头望天，长叹一口气，说："唉呀，我是自讨苦吃呀，差一点掉进老虎嘴巴里了。"

五、阴柔害物

"阴柔害物"的意思是，表面温柔恭顺而内心阴险狠毒，陷害善良。

此典出自《旧唐书·李义府传》："故时人言义府笑中有刀，又以其柔而害物，亦谓之'李猫'。"

唐太宗时的奸臣李义府，用阿谀奉承得到了皇帝的信任。唐高宗即位时，李义府升迁为中书舍人。永徽二年（公元651年），李义府兼修国史，加任弘文馆学士。唐高宗要立武昭仪（武则天）为皇后，许多大臣都表示反对，而李义府曾暗地里表示赞成，要予以协助，所以不久就被提升为中书侍郎、同中书门下三品，监修国

第九章 权篇

史,赐予广平县男的爵位。李义府表面看来非常和善,与别人说话时总是面带微笑,而实际上他心胸狭小、嫉妒心强,非常狠毒狡猾。他处在有权有势的地位上,喜欢让人们臣服于自己,如果有人稍微触犯了他的心意,他就会排挤、陷害那个人。所以,当时人都说李义府是笑里藏刀,又因为他表面温柔恭顺而内心阴险刻毒,陷害忠良,人们又给他起了一个外号,称他为"李猫"。

六、焦湖庙祝

"焦湖庙祝"告诉人们,美满幸福的生活是通过辛苦劳动创造出来的,好逸恶劳,坐享其成,只能是梦幻一场。

此典出自《搜神记》。

焦湖庙里有一个玉枕头,枕上有个小孔。当时,单父县有个在此经商的人,名叫杨林,来到庙中祈福。庙中巫祝问他:"你愿意结成一桩美好的姻缘吗?"杨林一听,高兴地说:"非常愿意!"于是巫祝让杨林依枕而睡。

杨林恍恍惚惚进入梦中,只见亭台楼阁,富丽堂

皇。赵太尉坐在堂上,对他殷勤相待,并且把女儿嫁给了他。

婚后,夫妻恩爱,连生了六个儿子。六个儿子长大后都做了秘书郎中。

杨林享受荣华富贵,过了几十年都没有回家的意思。忽然一觉醒来,他睁眼一看,原来自己还在玉枕旁边。

七、狡兔三窟

"狡兔三窟"比喻藏身的地方多,藏身的计划周密。此典出自《战国策·齐策四》。

战国时期,齐国寒士冯谖,穷得自己连饭也吃不饱,就在齐国孟尝君门下当门客。

孟尝君问他:"你有什么本领吗?"

冯谖说:"我也没有什么本领。"

"你有什么技能?"

"我没有什么技能。"

孟尝君笑了笑,把他安排在第三流食客中,吃粗茶淡饭。冯谖吃罢饭,就靠在柱子上,弹着他的长剑唱

第九章 权篇

歌:"长铗归来乎,食无鱼。"孟尝君为了满足他,把他安排到第二流食客中,每顿饭都是有鱼有肉了。但他吃罢饭,又唱起歌来:"长铗归来乎,出无车。"于是孟尝君就把他安排到第一流的食客中,出门坐上了马车。

然而冯谖还不满足,又弹剑而歌:"长铗归来乎,无以为家。"他不但要孟尝君养活他一个,还要孟尝君养活他的全家。孟尝君了解到冯谖家有老母,便命家奴按时送食粮柴薪到冯谖家里,这下彻底解决了冯谖的问题。

孟尝君在薛国有很多田庄,农民欠了孟尝君的田租,需要派个人去收账,冯谖自告奋勇愿往。孟尝君就把佃户们的欠条借据,交给冯谖,为他治装备车而往。临行时,冯谖问孟尝君:"我收到了账,带些什么东西回来呢?"孟尝君就说:"你看我家里没有的东西,就带点回来好了。"

冯谖到了薛地,召集债户开会,当众宣布说:"孟尝君说了,你们欠他的债,不用还了,你们的欠条借据全在这里,我当着你们的面烧掉,从此以后你们再也没有这笔负担了。"债户听到这个好消息后,都高呼万岁,欣喜若狂地回去了。

鬼谷子

冯谖回到齐国,孟尝君诧异地问他为什么回来得这样快?冯谖说:"账都收齐了,不回来干嘛?"

"你给我买了些什么东西回来?"

"我给你买了仁义回来了。"

"什么叫做买仁义呢?"

冯谖说:"我去收账时,你让我看家中缺什么买什么,我看您家里有的是金银财宝,珍玩美人,所缺的只是仁义。所以我到了薛地,召集债户,当众把他们的欠据借条都烧了,并告诉他们说您不用他们还债了,债户们感恩不尽,这不是给您买回仁义吗?"

冯谖虽然没收回账,可是孟尝君的名声却更大了。秦昭襄王没能追上孟尝君,本来已经很生气了,如今听说齐闵王又重用了他,便更加担心。于是他就偷偷打发心腹到齐国去散布谣言,说:"孟尝君收买人心,齐国的人光知道有孟尝君,不知道有齐王。孟尝君快要当上齐国的君王了。"他又打发使臣到楚国去对楚顷襄王说:"楚王死在敝国,确实是敝国上了齐国的当。秦王三番两次要把楚王送回去,都给孟尝君拦住了。他如今执掌着齐国的大权,听说就要当齐王了。如果他当上齐王,一定会来打贵国和敝国,敝国情愿跟贵国联合起来,共

第九章 权篇

同对抗孟尝君。希望大王既往不咎,重新跟敝国和好吧。"

楚顷襄王听了秦国使臣的话,也打发人到齐国去散布谣言。齐闵王听见这些谣言,果然起了疑心,就收回了孟尝君的相印,叫他回到薛城去。

"树倒猢狲散",孟尝君被罢了官,那些门客全都散了,孟尝君感到非常凄凉。只有这位收账的冯先生还寸步不离地跟着他,替他赶车,一块到薛城去。薛城的老百姓一听说孟尝君来了,男女老少都来迎接他。有的带一只鸡,有的拿一瓶酒,有的拿着牛肉,有的提着一筐子鸡蛋,献给孟尝君。孟尝君看到这种情形,感动得掉下眼泪来。他对冯谖说:"这就是先生给我买来的仁义呀!"冯谖说:"这一点算得了什么?如今您能安居的地方只有这个薛城,俗语说:'狡兔三窟',您至少得有三个能安身的地方才能踏实。如果您能借给我这辆车马,让我到秦国去一趟,我一定能再叫齐王重用您,增加您的俸禄。那时候薛城、咸阳、临淄三个地方,都会欢迎您。你认为这样怎么样?"孟尝君说:"全听先生的!"

冯谖到了咸阳,对秦昭襄王说:"如今天下有才干

鬼谷子

的人，不是投奔秦国就是投奔齐国了。上秦国来的都想叫秦国强，齐国弱；上齐国去的都想叫齐国强，秦国弱。可见当今之世，不是秦国得天下，就是齐国得天下，这两个大国是势不两立的。"秦昭襄王听了他的话之后，跪下来说："先生有什么计策能叫秦国强大呢？"冯谖连忙把他扶起来，请他坐下，说："齐国把孟尝君革了职，大王知道了吗？"秦王装模作样地说："我是听说了，可是却不太清楚。"冯谖说："齐国能够有今天，全仗着孟尝君。如今齐王听了谣言，革了他的官职，收回了相印。以怨报德地对待孟尝君，孟尝君当然也怨恨齐王，大王趁着他怨恨齐王的时候，抓紧时间把他请来。如果他能够给大王出力，还怕齐国不来归附吗？齐国一旦归附，天下可就是秦国的了。大王如果现在打发人用车马带着礼物上薛城去请他，还来得及。万一齐王反悔，再拜他为相国，齐国可就又要跟秦国打起来了。"

这时候正巧樗里疾死了，秦王正要找人才，就听从了冯谖的劝告，打发使臣带了十辆车马，一百斤黄金，用迎接丞相的仪式到薛城去迎接孟尝君。

冯谖来不及去报告孟尝君，就急急忙忙地一直到了临淄，求见齐闵王。他对齐闵王说："齐国跟秦国是势

第九章　权篇

不两立的两个大国,谁要是得到人才,谁就能够号令天下。我在路上听说秦国暗中去拉拢孟尝君,打发使臣带了十辆车马,一百斤黄金,用迎接丞相的仪式上薛城去请他。要是孟尝君真的当上了秦国的丞相去号令天下,临淄、即墨不就危险了吗?"齐闵王还真没有想到这一点,焦急万分地说:"怎么办呢?"冯谖说:"不能再耽误了,趁着秦国的人还没到,赶紧先恢复孟尝君的官职,再加封给他一些土地,孟尝君一定会乐意,他做了相国,难道说秦国没得到大王的同意,就可以随便接走别人的大臣吗?"

齐闵王答应重新重用孟尝君。可是他嘴里虽然是答应了,心里头还有点疑惑。他暗中打发人到边境上去打听秦国的动静。派去的人刚到边界上,就看到来了一队人马,一问果然是来接孟尝君的。他就连夜赶回临淄,向齐闵王报告。齐闵王连忙吩咐冯谖带了节杖去接孟尝君来做相国,另外又封给他一千户的土地。等到秦国的使臣到了薛城,孟尝君已经官复原职了。秦国的使臣白跑了一趟,而秦昭襄王只怪自己晚了一步。

早已散了的门客一听说孟尝君又当上了相国,于是争先恐后地又都回来了。孟尝君跟冯谖说:"哼!他们

还有脸来见我?"冯谖说:"人情本来就是这样的。倒不如好好地招待他们!"孟尝君向冯谖拜了一拜,说:"先生的话没错。我就收留他们。"

孟尝君官复原职以后,秦昭襄王接连打败了韩国和魏国,占领了好几百里土地,就认为秦国不应该再跟其余的六国平起平坐。七国的诸侯都称为"王",怎么能够分别出来呢?秦昭襄王要把"王"改称为"帝",可是他又不敢单独行动,于是就在公元前288年,打发使臣到齐国去,请齐闵王也称为"帝":秦王号令西方,称为"西帝";齐王号令东方,称为"东帝"。这样秦国和齐国就能平分天下了。齐闵王听了秦国使臣的话,犹豫不决,就问孟尝君。孟尝君说:"诸侯没有不恨秦国的,大王千万别跟他一块干。"

过了一个月,秦国又打发使臣来约会齐国一块去打赵国。可巧苏秦的兄弟苏代从燕国到齐国来。齐闵王问他对于改"王"为"帝"和进攻赵国的意见。苏代说:"秦国只请大王称帝,本来是尊重贵国。不答应呢,得罪了秦国;答应呢,可就得罪了诸侯。我想还不如答应秦国所给的'帝号',可暂时不要公开称呼。先让秦国称帝,如果秦国称帝之后,诸侯不反对,大王再称

'帝'也不晚。说到去打赵国,实在没有理由。赵国离秦国近,离齐国远,大王要是帮秦国去打赵国,即使打了胜仗,得到土地也是秦国,对齐国有什么好处呢?要打还不如去打邻近的宋国。宋王无道,宋国的人都管他叫'暴君'。大王要打宋国,一来有征伐暴君的名目,二来有扩展土地的好处,这是一箭双雕的事情。"齐闵王赞成苏代的话,接受了帝号,不过没有公开使用,准备去打宋国的暴君。后来"东帝"、"西帝"的称号用了两个月,就都取消了,仍然恢复了"秦王"、"齐王"的称号。

八、皆获元珠

"皆获元珠"这个典故告诉人们,那些自以为是、盲目乐观,又不许别人批评的人是很难有所进步的。

此典出自《叔苴子·外篇》:"昔人闻赤水中有元珠也,相与泳而探之。维时有探得螺者,有探得蚌者,有探得石卵与瓦砾者,各自喜为获元珠也。象罔闻之,掩口失声而笑。人攻象罔,象罔逃匿皇帝所,三年不敢出。"

从前,人们听说赤水中有大宝珠,于是便成群结伴地潜入水中打捞。有人捞到了螺,有人捞到了蛤蚌,也有人捞到了卵石和瓦片。一个个喜笑颜开,都以为自己获得了宝珠。象罔听说这件事以后,忍不住捂着嘴笑出声来。这些人都火冒三丈,一齐围攻象罔。象罔吓得逃到皇帝那里躲起来,三年都不敢露面。

九、嗟来之食

"嗟来之食"比喻带有侮辱性的施舍。

此典出自《礼记·檀弓下》:"予唯不食嗟来之食,以至于斯也。"从而谢焉,终不食而死。

周朝时候,齐国发生了饥荒。有个叫黔敖的财主,装模作样的在路上摆了食物,说是要施舍给饥民吃。一会儿,有个饥汉跌跌撞撞地走了过来,黔敖左手端了吃的,右手捧了喝的,眼睛望着天空,吆喝着对他说:"咳!看你饿成这个样子,拿去吃吧!"那饿汉张大眼睛瞧了瞧黔敖,气愤地说:"我正是因为不吃这种吆喝着给我的东西,所以才饿成这个样子。你快拿回去吧!"最后这个饿汉饿死了。

一○、疥疮五德

这则寓言说明仁、义、礼、智、信，本是礼教的最高准则，但有时却受到极大的贬低。

此典出自《事林广记》。

陈大卿患了疥疮病，他的上司讥笑他。

陈大卿说："您不要耻笑。这种病有五种美德能够称道，在所有的病症之上。"

上司问他，说："有哪五种美德呢？"

陈大卿说："这话不好说。"

上司说："不要紧，你就说说看。"

陈大卿说："这种病不害到人脸上，是仁呀；喜欢传染给别人，是义呀；让人用手来抓挠，是礼呀；生在手指关节缝里，是智呀；定时发痒，是信呀！"

上司听了陈大卿的这番话，便大笑起来。

一一、楚材晋用

春秋时期，公子归生（即声子）出访晋国。回国之后，令尹子木找他了解晋国的情况，令尹子木问道：

鬼谷子

"晋国的大夫和楚国的大夫相比,哪国的大夫更贤能呢?"归生回答说:"虽然晋卿不如楚卿,但晋国的大夫却非常贤能,几乎每个人都有做公卿的才能。好像杞木、梓木、皮革都是从楚国运去的一样,楚国的一些人才都流到晋国去了。这就是说,虽然楚国有人才,但只有晋国在使用他们,发挥他们的才干。"

接着,归生举了很多例子。如,楚庄王元年发生子仪之乱的时候,析公逃亡到晋国,晋国把他安排在晋侯战车的后面,让他做主要谋士,在靡角战役中,晋军失利,打算逃跑。析公建议说:"楚军轻佻,很容易被动摇。如果齐擂战鼓,在晚上全军进攻,楚军一定会逃跑。"晋国人采纳了他的建议,果然大获全胜。

又如,雍子的父亲和哥哥诬陷雍子,国君和大夫们都反对他主持公道,雍子只好逃奔到晋国。晋国人给他封邑,让他做主要谋士。彭城战役中,晋军与楚军在靡角之谷交战,晋军就要战败了,雍子向军队发布命令说:"年老的和年幼的都回去,孤儿和有病的都回去,兄弟二人一起服兵役的,回去一个,精选步兵,检阅兵车,喂饱战马,烧掉帐篷,明天决战。"结果,晋军把楚军打败了。又如,灵子逃到晋国,晋国人给他封邑,

第九章 权篇

让他做主要谋士。灵子抵御了北狄,让吴国和晋国和好,教吴国背叛楚国,教吴人乘战车、射箭驾车奔驰作战等等,给楚国带来了祸患。

又如,若敖叛乱中,伯贲的儿子贲皇逃奔到晋国。晋国人给他封邑,让他做主要谋士。在鄢陵战役中,楚军气势汹汹地逼近晋军,晋军想要逃跑时,贲皇建议说,楚军的精锐部队是中军王族,应集中力量攻击他们。晋军依计行事,结果大获全胜。

列举了这些事例之后,公子归生又谈到当前伍举被迫逃亡到郑国的事。令尹子木害怕了,连忙向楚王报告,增加伍举的官禄爵位,把他接回国内。

一二、多谋善战的乐毅

乐毅是战国时候著名的将领,以多谋善战而闻名于诸侯。燕国燕昭王当政为了报齐国的仇,屈身下士,广招贤者,任命乐毅为上将军,征伐齐国。乐毅联合越国、魏国、楚国共同讨伐齐国,赵惠文王还把相国印件授予乐毅。乐毅以联军统帅的身份率领大军进入齐国。齐军无法抵抗,在济西遭到惨败。乐毅又独自带领燕军

 鬼谷子

攻占齐都临淄，齐王逃到莒地。

乐毅在齐国先后五年，攻占七十多城，为燕国扩大了疆土。燕昭王心满意足，非常感激乐毅，封他为昌国君。燕昭王死后，太子燕惠王即位，开始不信任乐毅了。齐国人田单施用反间计，派人暗地里告诉燕惠王说："乐毅想在齐国称王"，燕惠王信以为真，马上派遣大将骑劫去替换乐毅。乐毅知道自己遭到诬陷，便跑到赵国。乐毅一走，齐国田单立即出兵撵走了骑劫，收复了失去的城池。

燕惠王发现自己上了齐国的当，心里非常后悔，几次写信请乐毅回燕，乐毅都婉言谢绝了。燕惠王只好任命乐毅的儿子乐间为昌国君，掌管燕国的一部分兵马。

有一年，燕王喜打算攻打赵国，他征求乐间的意见。乐间说："赵国不能攻打呀，它的周围全是邻国，是个四面受敌的地方，自古以来就是军事要塞。况且赵国的百姓十分熟悉作战，千万不能去招惹它啊！"

可是燕王求功心切，没有采纳乐间的意见。燕军入赵后，赵国的名将廉颇领兵御敌，结果燕军大败。燕国被迫割地给赵国，赵国才答应与燕国讲和。

从那以后,乐间也去了赵国,不再为燕王出谋划策了。

一三、晁错改令

西汉时期,有个人叫晁错(公元前 200 年~前 154 年),颍川人。他聪明好学,学识渊博,被称为"智囊"。文帝非常信任他,任他为太子家令。

文帝后期,官僚、地主、商人加重了对农民的剥削,广大农民被迫逃亡,生活非常困苦。为了维护汉王朝的统治,晁错上书汉文帝,主张打击商人投机倒把的行为,限制官僚、地主对农民的剥削,提出注重粮食、发展农业生产的建议。这就是著名的《论贵粟疏》。

晁错在《论贵粟疏》中写道:"农夫一家平均五口人,其中应服徭役的壮男至少有两人,一年里有几个月不能在自己的田地上劳动。一家人齐心协力种田也超不过一百亩,收获也超不过一百石。春耕、夏耘、秋获、冬藏、采伐薪柴、给官府服徭役等等,一年到头忙个不停。春天,不能躲避风尘;夏天,不能躲避炎热;秋天,不能躲避阴雨;冬天,不能躲避严寒,一年四季,

哪有喘息的机会呢？另外，还有其他的耗费，如送往迎来、吊死丧、问疾病、养育孤儿幼童也包括在内。他们不但勤苦至极，而且还要承受水灾和急征赋税的剥削。如此沉重的赋税，不分时间地征收，而且变化无常，早上的规定，到了晚上又改变了。在这种情况下，农民有粮食的只好半价出卖，没有粮食的只好借那种取一还二的高利贷。到头来他们无可奈何，不得不卖掉田宅、子孙来还债。"

一四、澶渊之盟

宋真宗景德元年（公元1004年），辽国萧太后与圣宗亲自率领大军南下，攻打宋朝疆域，直逼京都。参知政事钦若主张迁都南逃，蜀人陈尧叟建议真宗逃往成都。真宗征求寇准的意见，寇准说："谁为陛下出这等主意，罪不容诛。如今陛下正当英勇之年，将相团结，如果陛下御驾亲征，敌人一定闻风而逃。"于是，真宗亲临澶州（今河南濮阳）督战。真宗把军事委托给寇准处理，寇准指挥果断，号令严明，士卒喜悦。辽国在战事上没有占到便宜，就派遣使者前来，要求订立盟约，寇准不答应。有人造谣说，寇准不想讲和，是为了拥兵自重，谋取政治资本。在这种情况下，寇准迫于无奈，只好答应了。

由于宋真宗对战争早已厌倦了，急于讲和。他派大臣曹利用到辽军谈讲和条件，答应每年朝贡给辽国银两，宋真宗向曹利用交底儿说："每年朝贡给辽国的银两只要在百万以下，都可以答应。"寇准把曹利用召到军帐里向他交代说："虽然皇帝作了交代，但是你谈判时，答应每年输送的银两不许超过三十万。如果超过三十万，我就杀了你。"曹利用来到辽国军营，按寇准的条件和辽国谈判，最终果然以三十万银两的条件签订了盟约。

一五、拥为沛公的高祖

秦二世元年（公元前209年）秋七月，陈涉在蕲县起义，到了陈县，就自立为楚王。陈涉派遣武臣、张耳、除馀等人攻取了赵地，同年八月，武臣就自立为赵王。

当时，一些郡县的军政官员多有杀死长官来响应陈涉起义的。九月，沛县县令也准备响应陈涉起义，其下

鬼谷子

官的主要官员萧何、曹参说:"你是秦朝的官吏,现在却想背叛朝廷,率领沛县的子弟去响应陈涉起义,只怕他们不肯服从你。希望你能把那些逃亡在外的人都召唤回来,这样就可以得到数百人了。凭这些人去威胁劫持众人,大家就不敢不听从您的号令了。"县令便让樊哙去召集高祖等人,这时高祖的徒众已有数百人了。

于是樊哙领着高祖回来。这时,沛县县令后悔,恐怕他们进城后有叛乱,就紧闭城门,固守城池,并准备杀掉萧何、曹参等人。萧何、曹参二人非常恐慌,就赶紧越墙逃出城去投靠高祖,并求高祖保全他们的性命。高祖就写了帛书,用箭射向城头,告诉沛县的父老们:"天下人共同遭受秦朝的压迫已经很久了。现在父老们虽然还在为沛县县令守城,但各地的诸侯都起来造反了,他们早晚会杀进县城的。沛县人现在一起去杀掉县令,找个合适的人来做首领,以响应诸侯,这样就可以保全家室了。否则,父子一起被杀,那是多么不值得呀!"于是,沛县父老率领子弟一起去杀死了县令,开了城门迎接高祖并准备拥立高祖做沛县县令,响应诸侯。

高祖说:"天下正值大乱,诸侯纷纷叛秦,现在如果设置的将领不强,打起仗来就会一败涂地。我不是敢

存私心爱惜自己，恐怕我的才能不足，难以保全大家的性命。这是大事情，希望你们另选个合适的人。"萧何、曹参都是文职官员，都很自私自爱，恐怕事怕不能成功，秦朝的官府会诛灭他们的家族，因此都竭力辞让，推举高祖。

父老们都说："我们一向听说刘季是一位特异之人，该当尊贵，况且占卜的结果，无人可以比得上刘季，刘季当首领是最吉利的。"高祖再三推让，众人当中又无人肯担当，于是，高祖就被拥立为沛公。

高祖在沛县县府大堂上祭祀黄帝和蚩尤，用牛、羊之血来祭奠旗、鼓，由于被斩之蛇是白帝之子而斩蛇者是赤帝之子的缘故，故旗帜均作红色。于是，象萧何、曹参和樊哙这些年轻的豪杰和县史就四出去为高祖召集沛县子弟，一共聚集了三千多人。

一六、明修栈道暗渡陈仓

在两千多年前的楚汉争战中，一开始西楚霸庄项羽势力颇强，他占据了长江中下游及淮河流域一带的广沃之地，而让刘邦据守四川和汉中一带，封他为汉王。刘

鬼谷子

邦迫于项羽的压力,"率部前往南部。

在南行的途中,刘邦接受了谋士张良的建议,为了便于防御项羽的追杀,同时也是为了迷惑项羽,将沿途的所有栈道通通烧毁。而项羽听到这个消息也信以为真,相信刘邦已断了造反的念头,因而放松了对刘邦的防范。

刘邦到了四川,拜韩信为大将。韩信建议,先夺取关中,再往东进军,最后夺取天下。韩信派了几百名士兵去修复先前烧毁的栈道,关中守将章邯听到这个消息,并没在意,因为烧毁的数百公里栈道、要修复谈何容易,至少得花好几年时间。

可章邯万万没料到。就在他对此一笑置之的同时,刘邦和韩信率主力部队迂回行军,抄一条险峻的山道,偷袭了陈仓,又乘胜攻占了咸阳,从而占据了素有三秦之称的关中之地。

一七、韩信背水而战

公元前204年初,韩信和张耳率领数万汉军东征赵国。赵国闻讯,集结了20万大军。准备在井陉口迎击

第九章　权篇

汉军。赵广武君李左车主动请战，他对相国陈余说："韩信挟渡过黄河，生擒魏王豹、夏说之余威，东征赵国，锐不可当。但井陉口虽险要之地，战车摆不成阵，骑兵列不成队，韩信若是从这里进攻，恐怕难运粮草，辎重之物势必在大军之后。我率领三万精兵，抄小道断绝敌人粮草。您在这里挖深沟，筑高垒守卫，一定不要同敌人正面交锋。等汉军进退维谷，粮草断绝，用不了10天，韩信、张耳便会自取灭亡。"

可是这位陈余不懂兵法，却自以为是，以为赵军的20万之众，一定可以击溃只有几万人的汉军，拒不采纳李左车的计策。

韩信得知陈余拒绝了李左车之计后，立即率军前进，在离井陉口约摸30里处扎营。半夜，韩信挑选了2000精骑，命他们每人拿一面红旗，从小道迂回至赵军大营边的抱犊山埋伏待命，等赵军倾巢而出追击汉军时，迅速占领敌阵，拔掉赵军旗帜，树起红旗。接着，韩信又派出一万余精兵为先锋，令他们渡过低水后背水列阵。背水而战，无退路可循，向来是兵家之大忌。赵军得知后，不禁暗喜，而汉军将士也都惊疑不已。

拂晓时，韩信树起大将旗帜，下令擂响战鼓，向井

陉口发动进攻。赵军凭籍优势兵力和坚固的阵地同汉军展开激战。韩信指挥汉军佯作败退,撤向背水的阵地。

赵军果然像韩信设想的那样倾巢而出,追击汉军。汉军背水作战,既无退路,又有追兵,于是奋力死战,勇猛杀敌。韩信派出的2000精锐骑兵已趁势占据了赵军阵地。赵军同汉军激战许久不能获胜,想撤回阵地,却见自己先前的阵地上都是汉军的红色旗帜,顿时惊慌失措,以为不敌汉军,便纷纷逃命。汉军前后夹击,全歼赵军。陈余被杀于乱军中,而赵王歇最后成韩信的阶下囚。

一八、陈平巧施离间计

楚汉战争开始时,刘邦屡屡受挫,处于下风,不免感慨万千,雄心黯然。谋士陈平宽慰刘邦说:"其实项羽之所以能连连打胜仗,一方面靠兵多将广,另一方面靠他身边的臣僚。项羽自己有勇无谋,猜忌心很重,我们只要想办法离间他们君臣,除掉项羽身边的谋略之士,项羽的末日就指日可待了。"刘邦听后,拍掌称妙,立即命人取出黄金4万斤,交给陈平使用,让他用重金

第九章 权篇

去实施离间计。

项羽的第一位谋士无疑是被他尊为"亚父"的范增,项羽的一切谋略几乎都是他提出的,陈平早就有离间项羽和范增之意了。公元前204年4月,刘邦与项羽在荥阳谈判,陈平决定利用这个机会,予以离间。

一天,项羽派人到汉营送信,陈平命人以接待诸侯的礼仪隆重迎接他。招待使者吃饭时,又送上许多美味佳肴。项羽的使者很是受宠若惊。他正要入席用餐时,陈平走了进来,瞅了一眼使者,装出一副很失望的样子,说:"是我弄错了,原以为来的是亚父的使者,谁知是项王的使者。"说罢不再理会,自顾自地出了门。"过了一会儿,几名汉军士兵急急忙忙地将已经上好的美味佳肴又撤了下去,换上了普通士兵吃的粗茶淡饭,与刚才那一桌比,简直有天上地下的区别。项羽的使者见状,火冒三丈,但又不便发作,只好强忍着怒气,勉强吃了两口,然后忿忿而去。

那位使者回到楚营后,把在汉营中受到的冷遇添油加醋地报告了项羽。项羽听后,不由对范增起了疑心。范增不主张同汉军谈判,而希望楚军能一鼓作气,攻下荥阳,活捉刘邦。他越是劝说项羽攻打荥阳,项羽便越

鬼谷子

是怀疑他在与刘邦一起耍什么花招。

范增慢慢觉察到了项羽对他的冷淡,决计离开楚军。他对项羽说:"现在天下大事已定,希望您多多保重,请让我告老还乡吧!"项羽也没表示挽留,就让他走了。范增本来就年迈体弱,加上生项羽的气,郁积成疾,竟病死在归途中。

范增一死,楚军失去了主心骨。此后,项羽屡屡用兵失误,渐渐处于不利的境地,直至最后自刎于乌江之上。

一九、梁商上疏顺帝

梁商因为自己是因外戚而担任重要官职,所以平时很谦逊柔和虚心,并注意推荐有才能的人,汉阳巨览,上党陈龟被他征为属官,李固、周举则被委以从事中郎的职务,于是洛阳的舆论一致称赞他是皇帝的好帮手,顺帝也因此而很重用他。如果出现饥荒,梁商便命人用车把粮谷运到城门口赈救饥民,却不宣传是自己做的。梁商常常约束自己家族中的人,他自己也从来没有因为权势大而故意违犯法律。但是梁商性格谨慎软弱处事犹

第九章 权篇

豫不决,也很宠爱宦官。那时,小黄门曹节等人很受顺帝重用,梁商因此就让自己的儿子梁冀、梁不疑与宦官交往。但是,宦官们很忌讳梁商的权势,所以反而想陷害梁商。

永和四年(公元139年),中常侍张逵、蘧政、内者令石光、尚方令傅福、冗从仆射杜永共同策划,诬陷梁商和中常侍曹腾、孟贲,说梁商等人想召回诸位王子,废顺帝立新帝,并请求顺帝逮捕梁商治罪。顺帝并没有轻信张逵等人的话,反而说:"梁商父子是我所亲信的人,曹腾、孟贲是我所宠爱的人,他们肯定不会有谋立新帝的打算,一定是你们这些人由于忌妒而诬陷梁商他们吧。"张逵等人听了这话,知道顺帝不会采纳他们的建议,非常害怕,就出宫假传诏书拘捕曹腾、孟贲,把他们囚禁在尚书省。顺帝知道后大怒,命宦官李歆赶快放了曹腾、孟贲,收捕张逵等人并令其伏法受诛。但张等人的供词牵连到一些在位的大臣,梁商害怕因此而冤枉一些人,就上疏顺帝:《春秋》的意旨是指,功劳应以元帅功劳最大,定罪应只限于元凶首犯,所以无论是赏功还是定刑都不宜过多,这也是五帝、三王时期治国太平的缘由。我听说拷问中常侍张逵等人时,张逮等人的供词涉及到很多人。假如按张逮等人的供词来办案的话,那必将是无辜者众多。如果囚犯的关押时间太长,那么一些很微小的事也会因此而成为大事人了,而这又不符合顺应平和之气来稳定政治达到太平的治国原则,所以我认为应尽早停止办案,以免去逮捕人所带来的很多麻烦。"顺帝采纳了梁商的建议,只办了张逮等一些犯法的人。

二〇、窦建德的藏兵洞

永年城西北四十五里,有个洞头村。村西洺河岸上,有个高大的土堆,人称"蓄粮冢",冢后面有一个洞口,相传是窦建德的"藏兵洞"。这个洞全长四十五里,一直通到永年城内,"洞头村"由此得名。

窦建德在此建都以后,力量逐渐壮大,就近官府衙门闻风丧胆,接二连三向朝廷启奏,要求捉拿窦建德,以除后患。杨广派大将宇文化及,带二十万人马,前来征讨。窦建德得到消息后,便召集手下将领商讨对策。有的说"严守洺州,决一死战",有的说"抛弃洺州,迅速转移"。窦建德听了大家意见后说:"敌强我弱,寡

第九章 权篇

不敌众，死打硬拚，必吃大亏，洺州城周围是一望无边的平原，带兵转移，更会把我军兵力少的弱点暴露给敌军"。最后，定下一条既不硬拚，又不转移的对策，一面派兵筑堤修城，严密防守。一面暗暗从洺州城里向城外挖一条行兵地道。挖地道时兵民合作，没用多长时间就全部完工了。

为迷惑官兵，还把挖出的泥土，筑成大大小小数十个土堆，周围用苇席圈起来，上面插上粮草旗号，远远望去，与粮囤无异，后人给这些土堆起名叫"蓄粮冢"。

这时宇文化及带领二十万大军已经赶到聪明山地带，就在朱山脚下安营扎寨，与洺州隔河相望，准备歇兵三天之后，大举进攻。由于官兵一路烧杀奸淫，无恶不做，沿途百姓怨声载道，对宇文化及恨之入骨，纷纷向窦建德密报官兵动向。窦建德听了密报，便命令所有义兵穿上一色军衣，从洺州城里洞口下去，沿着地道，从洞头村地道口出来，然后再排好整齐的队伍，唱着雄壮的战歌，从地面朝着城内进发，这样一直上下巡回往返。同时还教当地百姓传唱一首歌谣：

窦建王，不缺粮，

呼风唤雨神通广。

鬼谷子

撒斗谷子变成兵，

撒升豆子都是将。

……

宇文化及听了，心里非常不安，亲自登上高处观看阵势，只见窦建德的军队阵容严整，浩浩荡荡，前不见头，后不见尾，那高大的粮囤，一个挨着一个，旌旗招展，十分威武。看后不禁打了一个冷颤，心里暗想，莫非窦建德真有呼风唤雨、撒豆成兵的神通。为了进一步摸清窦建德的底细，宇文化及亲自选定五百精兵，打扮成农民模样，黑夜偷偷混入洺州地带，探听虚实。他这一手早被窦建德所预料，特地安排了三千义军埋伏洞里等候，单等官兵一到，击鼓为号，三千义军一齐从洞口里蜂拥而出，刹时间灯笼火把四起，杀声震天。五百名官兵还不知道是怎么回事就一个个束手被擒，窦建德一个也不杀，有的剃了头发，有的脱掉鞋子，重的割去耳朵，统统放他们回去。临走还让他们带给宇文化及书信一封。这些官兵一个个感激窦建德不斩之恩，回去以后，纷纷在宇文化及面前哭诉窦建德神通广大，厉害非常，他拆开书信一看，上面写着：

宇文化及狗奸佞，

第九章　权篇

胆敢与爷动刀兵,

如若不快滚回去,

三天之内定输赢。

宇文化及念罢,真是又气又恨,又羞又愧,顿时昏了过去。这时所有官兵、大小将领,个个提心吊胆,犹如惊弓之鸟。等宇文化及醒来之后,便立刻下令退兵。话音刚落,忽听军营里有人喊道:"窦建德来了!"刹时,军营里乱作一团,所有官兵,一个个抱头鼠窜。

俗话说:兵败如山倒。窦建德率领起义军,趁机追击,只用了一天一夜功夫,便杀得官兵丢盔弃甲,大败而逃。从此以后,隋朝官兵再也不敢轻易来犯,窦建德的力量进一步发展壮大。

二一、卢从史的二心

王士真死后,他的儿子承宗按照河北先例请求代替父亲作统帅。宪宗想快速达到安定,而且多次荡平叛敌,认为那里可以夺取过来。吐突承难依仗皇帝恩宠。阴谋限制裴垍的权限,就伺承皇帝的意愿,请求自己带兵讨伐。卢从史暗藏有叛逆之心,对内与王承宗相互勾

结约定，对外请求出兵，以此企图谋取大利；裴垍逐条陈述不能出兵的理由，并且说："王武俊对朝廷有极大的功劳，先前授与李师道，后来又从王承宗那里夺取，这是赏罚不一致，不能用来阻止、劝勉天下。"

拖延了半年，宪宗不能决定，吐突承璀的计策竟然采用。等到部队靠近敌境，卢从史果然怀有二心，吐突承璀多次要求作战，卢从史更加骄横、反复无常，官军感到很恼火。当时朝廷的部队长久在外，没有功绩，皇上的意愿也懈怠下来。后来卢从史派其衙门将王翊元人朝奏事，裴垍邀请他来谈话，稍微打动了他的心，而且告诉他作为巨子的气节，王翊元因而吐露真情说卢从史恶迹成熟可以谋取的情况。裴垍派他再去，等到再次回来时，就争取到他的大将乌重胤等重要将领。裴垍因而不慌不忙地上奏说："卢从史荒暴，有叛逆的心理。现在听说他把吐突承璀当作婴孩，在神策军的营垒之间往来，日益自傲不尊重，这是上天灭他的时候。如果不趁机抓住他，以后即使出动军队，也不可能短期内击破他。"宪宗开始感到很惊讶，仔细考虑他的计策，最后才同意。裴垍因而请求对他的计谋保密，宪宗说。"这件事只有李绛、王守谦知道。"当时李绛任承旨翰林，

第九章　权篇

王守谦掌管密令。后来吐突承璀终于捉拿住卢从史，攻下上党，这年秋天回军。裴垍认为"吐突承璀首先主张用兵，现在无功而回，陛下即使顾念过去的功劳，不能施加杀戮，也请求贬退他来向天下人道歉。"于是罢免了承璀的兵权。

权篇第二

故口者，几关也①，所以闭情意也。耳目者，心之佐助也，所以窥间见奸邪。故曰："参调而应，利道而动。"

故繁言而不乱，翱翔而不迷，变易而不危者②，观要得理③。

故无目者，不可示以五色，无耳者，不可告也五音。故不可以往者，无所开之也；不可以来者，无所受之也。物有不通者④，故不事也。

古人有言曰："口可以食，不可以言。"言者，有讳忌也。众口烁金⑤，言有曲故也。

【注释】

①口者，几关也：嘴里表达或隐瞒意思的器官。

②繁言而不乱，翱翔而不迷，变易而不危者：此句

意即繁言纷葩思路不乱,思维开阔方向不迷,变易常改不陷入险境。

③观要得理:抓住要害,掌握真理。

④物有不通者:指思想交流受阻。

⑤众口烁金:意谓一旦形成舆论,可以混淆是非,颠倒黑白。

【译文】

口是说话的器官,是用来倾吐和封闭内心情感的。耳朵、眼睛是心的辅佐器官,其作用是窥探事物的矛盾,发现奸邪的人和事。因此说,只要口、眼、耳三者协调呼应,引导人们按照客观事物的发展规律去行动。

所以,三者只要协调了,言辞虽繁多却不纷乱;到处自由活动,在高空中四处飞动而不迷失方向;情况千变万化也不会发生危险。这是因为认清了事物的主旨,抓住了问题的关键,掌握了事物的发展规律。

所以眼睛看不见的人,不可以拿五色给他看;耳朵听不到的人,不可以拿五音给他听。不可以结交的原因是因为无法开通对方的心扉;不可以接纳的原因是无法使对方接受。像这样不能通窍的人和事物,圣人是不会去事奉的。

 鬼谷子

古人说过这样的话:"嘴可以随便吃东西,不能随便说话。"说话就会触怨许多忌讳。这就是所谓众口铄金,因为言语有时也会歪曲事实的原因。

【感悟】

每个人都有自己的忌讳,在言谈中如果不注意这个问题,就会触到别的人痛处,引起别人的反感。因此在言谈中不要忘乎所以,触及别人的忌讳,破坏彼此的友好关系。

【故事】

一、郑楚同盟

春秋时,郑国与楚国结为同盟,对北方的晋国构成了严重的威胁。晋国为了自身的利益,首先出动军队,向较弱的郑国发动进攻。楚共王得知这一消息后,马上率领楚军北上援救,最终晋楚两军在鄢陵相遇,爆发了一场激烈的战斗。

战斗开始之前,楚共王亲自登上战车观察敌军的情况,曾任晋国大夫后来逃到楚国的伯州犁站在侧边。当楚共王看到晋军来来去去,左右奔驰时,便回头问伯州

第九章 权篇

犁说:"这是为什么?"伯州犁对晋军的情况了如指掌,就回答道:"这是召集军中的将领。"接着,他将观察到的晋军的活动一一告诉楚共王:现在晋军大营的帷幕拉开了,一定是祷告祖先。帷幕又降下了,肯定是在发布命令。哎呀,尘土满天,一片喧嚣之声("甚嚣,且尘上矣"),一定是晋军在堵塞井口,夷平灶头,准备出去。你看,士兵们登上战车后,又手握兵器从车上下来,那是在请求神灵保佑。

大战开始后,楚共王就身先士卒,勇猛地冲向晋军,不料一支箭从斜刺里射来,正中楚共王的眼睛。他忍住痛,回头喊大将子反代替自己指挥作战,可是连叫了几声居然无人答应。原来子反战前喝醉了酒,这时正睡在战车中,人事不省。楚共王看后不禁大怒,一箭射死子反,就命令全军撤退了。

二、弭兵会议

春秋时期,卫国的卫献公杀掉宁喜,公子鲜出奔晋国时,卫国大夫石恶正奉宁喜之命与各国大夫在宋国开弭兵会议(公元前546年)。那时各国诸侯召开会议,像齐桓公、晋文公、宋襄公、秦穆公、楚庄王，各个诸侯都亲自与会，因为当时列国争端主要是诸侯的兼并战争。而诸侯在兼并战争中，必须依靠他们的手下，只好把新取得的土地分别赏赐给立下汗马功劳的大夫，因此真正从兼并战争中得到好处的实际上是诸侯手下的大夫。他们从战争中得到了土地，通过盘剥农民累积了大量的财富。后来大夫的势力愈来愈大，绝大多数的诸侯反而做了挂名国君，正如周天子做了挂名天子控制不了诸侯一样。在经济进一步发展中，为了扩张各自的势力，这些大夫之间也进行兼并战争。列国的战争由此演变成大夫的兼并战争。前来参加会议的也是各国大夫，如：晋国赵武、楚国屈建、宋国向戌、鲁国叔孙豹、卫国石恶、蔡国公孙归生、陈国孔奂、郑国良霄等。从此以后，列国的战争变成大夫和大夫之间的战争了。这次会议实际上是晋国和楚国分配势力的会议。晋、楚两国可以说是南北两个集团的领袖，都有独立的势力范围。鲁、卫、郑、曹、邾、莒、滕、薛等是在楚国的势力范围内；蔡、陈、许、沈（河南省汝阳东）等是在楚国的势力范围内；其余像宋、齐、秦等大国，谁也不属谁，可以说是独立自主的诸侯国。三大国中，宋国是会议的

第九章　权篇

发起人,当然参加大会。但齐、秦两国都没参加会议。大会一致决议:原来受晋国保护的国家也得朝聘楚国,而原来受楚国保护的国家也得朝聘晋国;凡是破坏盟约先出兵的,各国就共同去攻打它。这样,一向被中原诸侯视为"蛮族"的楚国,便正式被承认为霸主,犹如晋国是霸主一样。而楚国屈建仍觉得不满意,他对宋国向戌说:"两个盟主怎么行得通呢?到底谁是第一,谁是第二呢?请你先跟晋国说明白,歃血为盟的时候,必须让楚国在先。"向戌只好去见赵武。他见了赵武,难于开口,只好由他手下的人传话。赵武一听,如果答应他,晋国的地位就降低了;如果不答应他,这个"弭兵会议"大概就将变成"开战会议"了。但楚国的态度如此强硬,非占上风不可。赵武虽想屈服,却又怕授人话柄。晋国大夫想出个好主意,他对赵武说:"霸主靠德行服人,武力是次要的。我们只要有德行,即便让楚国占了上风,诸侯依然会佩服我们。再说这次会合各国大夫原本为了平息战争,不打仗,大家都有利。为争先后排名次而打起来,岂不丧失了弭兵会议的意义?只要大家有利,退让一步又有什么关系呢?"这番话说中了赵武的心事。因为当时晋国的六

鬼谷子

家大夫（赵氏、范氏、智氏、中行氏、韩氏、魏氏）内部竞争非常激烈，无法兼顾跟楚国相争。于是，赵武答应了楚国的要求。

卫国石恶和各国大夫订完盟约，正要回去，忽然听到卫献公杀了宁喜的消息。由于石恶是宁喜的同党，所以他无法回去了，只好随赵武到晋国去。

郑国大夫良霄回郑国后，根本不把郑简公放在眼里。不久，郑国国内其他的公子为了争权夺利互相残杀，良霄也死在内乱之中。周景王二年（公元前543年），郑简公拜子产（又名公孙侨）为大夫。子产是一位比较开明的政治家，他执政以前，就已经受到了许多人的崇拜。公元前563年，郑国有一批奴隶起来暴动，杀了几个有权有势的大夫，要求当时执掌郑国政权的子孔烧毁丹书。子孔想用暴力镇压，将起事的人全杀掉。子产阻止他说："千万不能这样做啊！您干脆依照众人的要求把丹书烧了吧！"子孔说："如果众人反抗就屈从他们，那不等于是由众人执政吗？国家还治得了吗？"子产说："众怒难犯。在这危急时刻，如果您坚持独断专行，可太危险了。在我看来，不如烧了丹书，安定人心要紧！"子孔不禁心虚起来，听从了子产的劝告，在

仓门外把丹书烧了。一场暴动，就这样平息下来，很多奴隶获得了自由。人们都盛赞子产的精明能干。

三、宇文护哭诉

乙弗凤等人害怕，加紧密谋策划。于是约定日期召集众公们人宫赴宴，要抓住宇文护，把他杀了。张光洛把前后的谋划全部告诉给宇文护，宇文护就召集柱国贺兰祥、小司马尉迟纲等，把乙弗凤的谋划告诉给他们。贺兰祥等都劝宇文护把孝闵帝废掉。当时尉迟纲管领皇帝的亲兵，宇文护就派遣尉迟纲进人皇宫，召呼乙弗凤等商议事情，等到乙弗凤等人走出皇宫，尉迟纲就一个一个把他们抓住送到宇文护的府中。

于是宇文护下令解散了守卫皇宫的军队，又派遣贺兰祥逼迫孝闵帝让位，把孝闵帝关在他未当皇帝时住的地方。于是就把诸公卿全都召集来了，宇文护哭着对诸公卿说："先王出身于百姓，冲锋陷阵，为西魏皇帝的大事勤劳工作了三十多年。没有等到把敌人都消灭，就离开了人世。我的地位就像先帝的儿子一样，亲自接受先帝临终的嘱托。因为略阳公（孝闵帝）是先帝的正妻

鬼谷子

所生,我和公等一起拥立他做皇帝,废弃了西魏正统而建立了北周,做了四海的主人。孝闵帝从即位以来,荒淫无度,亲近众小人,疏远猜忌亲生骨肉,想要把前朝的大臣大将全都杀了。如果这个阴谋成功了,一定会导致国家灭亡。我如果死了,将以什么脸面去见先王。今天宁可对不起略阳公,也不能对不起国家。宁都公(后来的北周世宗)年龄、品德都很好,仁慈聪明忠孝,天下人都在关注着他。我想要废弃昏暗的人拥立明辨的人,公等认为怎么样?"群臣们都说:"这是公家里的事情,谁敢不听从命令。"于是就在门外把乙弗凤等人杀了,并且把李植、孙恒等人杀了。不久,把孝闵帝也杀了。到歧州迎接世宗,立他做皇帝。

四、无立锥之地

春秋时期,鲁僖公有一个大夫,姓展名禽,字季,谥号惠。人称下季,又称柳下惠。柳下惠有一个弟弟叫盗跖,是一个名副其实的江洋大盗。孔丘去劝说盗跖,想叫他改邪归正。盗跖不愿意接见他,还把他大骂一通,说,如果孔丘再不滚回去,就把他的心肝掏出下酒

第九章　权篇

吃。孔丘仗着自己是柳下惠的朋友，第二次请守门人通报，说："我与柳下惠是朋友，请求到帐幕之下，见盗跖将军一面。"守门人又进去通报，盗跖说："叫他进来！"孔丘一溜小跑，毕恭毕敬地进去了。盗跖大怒，伸着两脚，手按宝剑，圆睁双目，声如护犊子的母虎，说："孔丘，你过来！你所说的话，假如符合我的心意，就不杀你；假如不符合我的心意，我就叫你死！"孔丘说："天下有三种美德：长得高大魁梧，十分美好，人人见了都喜欢，这种美德是上等的；通晓天文地理，对万事万物都有明察，这种美德是中等的；勇敢剽悍，刚毅果敢，能够聚众率兵，这种美德是下等的。一旦具备了其中一种美德，就可以称帝为王了。如今将军您有三种美德，身长八尺二寸，满面红光，唇如丹漆，牙齿整齐，声如洪钟，可是您却被叫做盗跖，我认为是不合适的，假如您肯接受我的建议，我就为您南使吴、越，北使齐、鲁，东使宋、卫，西使晋、楚，我会说服这些国家，为您建造起数百里大城，给您采邑数十万户，尊将军您为诸侯，这样便可以使天下罢兵休卒，共享太平。这是圣人才士的行为，也是天下人的愿望。"

盗跖大怒说："孔丘，你靠前站！能被利益打动，

185

鬼谷子

能被花言巧语说服的人，都是愚昧浅陋的顺民。我身材高大，容貌美好，人人见了都喜欢，这是父母遗传给我的美德。就算你不夸奖我，难道我自己还不清楚吗？更何况我听说，擅长当面恭维人的家伙，也喜好在背后诋毁人。现在，你说要给我造大城，又给我数十万户民众，这是想拿利益诱骗我，叫顺民们畜养我，这怎么能够长久呢！大城再大，也不会比天下大。尧舜拥有天下，而他们的子孙却穷困到极点，甚至没有立足之地；商汤和周武王贵为天子，而断子绝孙。这不是因为他们获利太大了吗？"

五、刘邦突围白登山

公元前200年，刘邦率领大军与匈奴交战。刘邦求胜心切，亲自带领骑兵追击匈奴军，把大队人马丢在了后面。追到平城时，中了敌军的埋伏，刘邦被迫固守白登山，等待援军的到来。而汉军的主力已经被匈奴军队分头阻挡在各要塞路口，无法前来解围，情况十分危急。

四天过去了，被围汉军的粮草越来越少，而且伤亡的将士日益增多，刘邦心急如焚。陈平此时也在被围军

第九章 权篇

中,他时时都在苦思突围之计。

一天,他在山头上了望敌军动静,见敌营中有一男一女在指挥匈奴兵。他向左右打听,得知是匈奴单于冒顿及其夫人阏氏。他突然心生一计,决定从阏氏身上打主意。他的想法得到了刘邦的同意。

陈平派了一名擅于辞令的使者,携带大量的金银珠宝和一幅图画,去求见阏氏。使者用重金买通了阏氏帐下的卫士,终于见到了阏氏。

使者对阏氏说:"这些金银珠宝都是我朝皇帝送给您的。我国皇帝想同你们和好,请您同匈奴单于疏通一下。"阏氏见了这份厚礼,动了心,全都收下了。使者紧接着又献上一幅图画,打开一看,原来绘的是一位美丽绝伦的女子。使者说:"我国皇帝担心匈奴不同意讲和,准备把中原最美丽的女子献给他。这是美女的画像,请您先过目。"阏氏听后,不由地生出一丝醋意,心想,单于若得此女,自己岂不是要受到冷落吗?于是说:"用不着这个,我请单于退兵就是了。"

使者告辞后,阏氏立即去见冒顿单于,对他说:"听说汉朝的援兵就要赶到了。这里的汉军一时间攻不下,一旦他们的援军到来,形势对我们就不利了。不如

接受汉皇的讲和条件,还可乘机多要些财宝。"匈奴王听后,觉得不无道理,便点头同意了。

不久,双方达成了停战协议。冒顿下令解除对自登山的围困,让刘邦撤回。陈平巧用妙计,将刘邦救出了险境。

六、张良计贿秦将

秦朝末年,刘邦和项羽兵分两路讨伐秦军。刘邦一路上攻城掠地,十分顺利,很快便进入了武关,在峣下与秦军对峙。峣下的秦军是一支精锐部队,人数上优于汉军,而且这里的地形易守难攻,如果不能迅速攻下峣下,关中很可能落入项羽之手。

刘邦急不可耐,想要发兵强攻,张良阻止了他。张良说:"秦军力量强大,不宜强攻。我听说这位秦将爱财贪利,我们不妨先收买他。可先派人在四面山上多插旗帜作疑兵,再让郦食其带着重金去贿赂这位秦将。"刘邦同意了。

郦食其带着金银财宝去见秦将,秦将乐不可支,当即答应叛秦,并允诺同刘邦一道西进,袭取咸阳。刘邦闻讯大喜过望,便想立即同秦军合兵一处西进。张良又说:"秦将虽然愿意归顺,但士兵们未必甘心,这对我们来说仍然很危险。秦军已松懈了防备,我们不如趁机进攻。"

刘邦认为有道理,立即下令出击。秦将还美滋滋地准备同汉军一道西进,没料到汉军会进攻他们,仓促应战,大败而逃。汉军乘胜追击,在蓝田附近歼灭了这支秦军。

七、食少事繁

"食少事繁"比喻吃的饭很少,事务却很繁多。这个成语多用来劝告别人要注意身体的健康。

此典出自《晋书·宣帝纪》。

三国时,魏、蜀、吴各据一方。刘备死后,诸葛亮辅助幼主继承刘备遗志,想要统一天下,便率了十万大军向魏进攻,在渡渭水之前,曾派使者去魏国。魏国大将司马懿非常敬重诸葛亮,向使者询问诸葛亮的日常生活情形。说:"诸葛孔明先生生活得好吗?他的饮食如何?能吃多少饭?"使者说:"只有三四升。"接着又问

 鬼谷子

诸葛亮处理政事的情形,使者回答说:"凡是处二十(指挨打)罚以上的公文,诸葛丞相都要亲自审察。"事后,司马懿对他左右的人说:"诸葛孔明的食量这样少,而工作量又这样繁重,他能长命吗?"后来真的被他说中了。

八、受一大钱

"受一大钱"也作"一钱太守",人们用它比喻为官清廉。

此典出自《后汉书·刘宠传》。

刘宠,字祖荣,东汉东莱牟平人。他任济南郡东平陵县令时,为人宽厚,受到下级官吏和老百姓的爱戴。母亲生病后,刘宠辞官回家侍奉母亲。成群结队的老百姓赶来为他送行,刘宠的车子过不去,只好下车悄悄地走了。

后来,刘宠被任命为会稽太守。山区百姓忠厚朴实,有的人头发都白了还没有进过城镇。百姓被官吏骚扰得厉害。刘宠废除烦琐苛刻的政令,查禁不法行为,郡中风气为之一振。刘宠后来被朝廷征做将作大匠,职

掌宫室、宗庙、陵园等处的土木建筑。消息传开后,山阴县有五六个老人,苍眉白发,从若邪山谷中赶来,每人拿了一百个大钱送给刘宠。刘宠对他们说:"老人家何必这样劳苦自己呢?"老人回答说:"我们生长在山谷野外,没有见过郡府。别的太守在任时,常常派官吏敲诈勒索,百姓没有好日子过。自从您这位开明的府君到任以来,夜间狗不惊叫,老百姓见不到官吏前来盘剥。我们在年老时才遇到如此圣德的官长,如今却听说您要离我们而去,因此特意赶来送别。"刘宠说:"我的政事哪能有你们说的那样好?让老人家受累了!"说完,特地从每个老人那里拿了一个大钱接受了。

九、终南捷径

"终南捷径"比喻一种猎取功名富贵的特殊手法。后来也比喻为达到某种目的而采取的方法。

此典出自《新唐书·卢藏用传》。

唐朝,有一个读书人名叫卢藏用,他中进士之后,急于想做官,便想出一个以退为进的办法,跑到长安附近的终南山隐居起来。那时的人,都认为隐居的人必定

鬼谷子

是不慕名利而又有学问的读书人。于是卢藏用故意到终南山隐居，他这样做，果然引起长安城里的公卿们的注意，不久便礼聘他下山做了大官。后来又有一个隐者司马承祯，也在终南隐居，当朝的公卿也请他去做官，不过司马承祯却真是个淡泊的人，他不愿意做官，在长安住了几天，便要回山了。卢藏用送他出城，指着终南山对他说："这座山真是有好处啊。"司马承祯冷笑道："在我看来，终南山只不过是做官的捷径而已。"卢藏用明白司马承祯在嘲讽他，非常生气，但对他又无可奈何。

一〇、钟响磬鸣

"钟响磬鸣"这个典故用以告诉人们，事物之间有一定的联系，要科学地认识事物之间的联系。

此典出自《刘宾客嘉话录》。

洛阳一座寺院的僧房中有只磬，不论白天黑夜，没有人敲打它，它动不动就自己发出声响，僧人又奇怪又害怕，以致吓出病来。他请了许多江湖术士，想方设法去制止磬鸣，但都无济于事。

有个名叫曹绍夔的人，一向与僧人关系很好。他前来探望僧人的病情,僧人就告诉了他生病的原因。不一会儿,寺里正好敲击斋钟,磬又自己响起来。曹绍夔顿时明白过来,笑着对僧人说:"请明天摆下盛宴,我来为您制止磬的自鸣吧!"

僧人虽然怀疑他的话,但还是抱着一线希望,就尽力准备了丰盛的宴席。第二天,曹绍夔吃完饭后,从怀里拿出一把锉刀,将磬锉了几下就走了。从那以后,这只磬便不再自鸣了。

僧人去询问原因,曹绍夔说:"您的这只磬和寺院的钟频率相同,因此那边敲钟就能引起磬的共鸣。"僧人听了非常高兴,病也好起来了。

一一、专横跋扈

"专横跋扈"的这个典故用以比喻一个人独断专行,蛮不讲理。

此典出自《后汉书·梁冀传》:"帝少而聪慧,知冀(梁冀)骄横,尝朝群臣,目冀曰:'此跋扈将军也。'"

东汉时,有个叫梁冀的人,是大将军梁商的儿子,字伯卓。为了篡权,他把两个妹妹送入宫中,做了汉顺

帝（刘保）和汉桓帝（刘志）的皇后。梁冀的父亲梁商死后，还没来得及下葬，汉顺帝就拜梁冀为大将军。顺帝死后，冲帝尚在襁褓之中，梁冀的妹妹梁太后临朝执政。他们兄妹二人先后立了冲、质、桓三个皇帝，专断朝政近二十年。当时，朝廷上下全部是梁家的党羽。梁冀执政期间，骄奢横暴，独断专行，大兴土木，修建苑囿，并强迫数千名百姓为奴婢，称"自卖人"。

由于梁冀党羽满朝，残暴专横，皇帝和一些大臣既恨他又怕他。汉质帝（刘缵）常对大臣们说，梁冀是个"跋扈将军"。梁冀听到此话以后，恨得咬牙切齿，就派人在食物中放了毒药，毒死了质帝。后来，梁太后死去，桓帝与宦官单超等人设计，诛灭了梁氏，梁冀自杀身亡。

一二、锦衣夜行

"锦衣夜行"比喻应该让大家知道的美好事物却没有让大家知道。

此典出自《史记·项羽本纪》："富贵不归故乡，如衣绣夜行，谁知之者？"

项羽在鸿门把刘邦放走以后，懊悔不已，又想起刘邦可能要攻占咸阳,心中更加恼怒。一怒之下,他便带领军队攻打咸阳。占据咸阳后,他杀了秦降王子婴,烧毁了秦朝宫殿,把宫中的珍宝财物抢空了,才带着军队,准备东归。当时有个名叫韩生的人对项羽说:"关中这个地方东有函谷关,南有武关,西有散关,北有萧关,山河四塞,四面都有险要的地方可以据守,并且土地肥沃,物产丰富,真是一个建都的好地方啊!"项羽说:"富贵不归故乡,如衣绣夜行,谁知之者?"(意思是:升了官,发了财不回家乡显耀一番,就像穿着非常漂亮的锦绣衣服在夜里行走一样,会有谁知道呢?"韩生说:"我听说楚人'沐猴而冠',如今看来,果然如此。"项羽听了恼羞成怒,就把韩生投入沸水锅内煮死了。

一三、楚人养狙

"楚人养狙"比喻群起反抗,往往会使不劳而获者活活饿死。

此典出自《郁离子》。

楚国有个靠养猴子过日子的人,人们都称他为"狙

鬼谷子

公"。每天早晨,他必须在院子里组织分派群猴服劳役,让老猴子率领着它们到山里去采摘野生的果实,他收取十分之一给自己吃。有的猴子交不足数,他就用鞭子抽打它。群猴都怕吃苦挨打而恼恨,但是谁也不敢违抗命令。

有一天,一个小猴子对大家说:"山上的野果是主人栽种的吗?"

众猴回答说:"不是的,那是天生的呀!"

小猴又问:"不通过他就不能去采摘吗?"

众猴说:"不是的,谁都可以去采摘。"

小猴说:"那么,我们为什么要受他的奴役呢?"

小猴的话音未落,众猴便都醒悟了。那天晚上,众猴看到狙公睡着了,就砸破栅栏,捣毁木笼,拿走狙公积蓄下来的果实,手拉手地跑到树林中去,再也没有回来。

狙公最终被饿死了。

一四、橘化为枳

"橘化为枳"比喻环境的变化对人和事物的影响。

此典出自《晏子春秋·内篇杂下》。

第九章 权篇

春秋时代,齐国有一个著名的政治家,名叫晏婴,字平仲,在齐景公时做宰相。平时生活非常节俭,不吃肉,他的妻子不穿漂亮的衣服。自己一件狐皮衣穿了三十年却不更换。一生为国声名显赫。一次,他出使到楚国去,楚王事先和群臣想出了一个侮辱他的计策。

晏子到达楚国那一天,楚王摆设酒宴。酒过三巡,两个吏役绑了一个人走到楚王面前。楚王问道:"被绑的是什么人,犯了什么罪呀?"吏役答道:"是齐国人,犯了盗窃罪。"这时,楚王以轻薄的眼光看着晏子说:"难道齐国人天生就爱盗窃别人的东西吗?"晏子看出了楚王的心思,于是不慌不忙地答道:"大王,我曾经听人讲过:橘生长在淮河以南的地方是橘,生长在淮河以北则是枳。这两种植物树叶一样,但果实的味道不同,这是什么原因呢?完全是水土环境不同的缘故。现在这个人,他在齐国从来不盗窃,一来到楚国,就干起这种勾当来,难道是楚国水土环境让人喜爱盗窃。"楚王被晏子辩驳得无言以对,原本想奚落晏子,占点便宜,没想到却讨了个没趣。

一五、谋乱的吕氏兄弟

上将军吕禄、相国日产掌握兵权、把持朝政,自己明白所行之事与高帝的遗嘱相违背,恐怕被诸侯大臣所杀,于是谋划作乱。当时,齐悼惠王的儿子朱虚侯在京师,娶吕禄的女儿为妻,知道了他们的阴谋,就差人告诉了齐王,让他发兵西来。

朱虚侯想与太尉周勃、丞相陈平作为内应,以诛杀吕氏诸人,齐王就发兵西来,并诈称琅邪王也尽起其兵,同齐王一起西来。吕产、昌禄等人派遣大将军灌婴率领军队迎击。灌婴领兵到了荥阳,就派人去告诉齐王,准备与他联合,等待吕氏诸人作乱而共同诛杀他们。

太尉周勃与丞相陈平商量,因为曲周侯郦商的儿子郦寄与吕禄是好朋友,就使人对郦寄进行威逼利诱,让他去诳骗昌禄说:"高帝与吕后一同平定天下,刘氏所立的九位王和吕氏所立的三位王,均是大臣们所同意的。这事已布告了诸侯王,诸侯王都以为做得很恰当。现在太后驾崩,皇帝年幼,您不赶快回到您自己的领土去守卫国土,却作为上将领兵驻扎在这里,为大臣诸侯

第九章 权篇

们所疑忌。您为什么不赶快交出您的将军印，把兵交给太尉，并请梁王也归还相国印，同诸大臣盟誓而回到自己的领地去呢？如果这样，齐国必定罢兵，大臣们也得以安宁，您也就可以高枕无忧，统治您的王国了。这是对后代千万年都有好处的事情啊！"吕禄听从了这一计策，派人报告了吕产以吕氏的诸位老人。

有人认为这样不太好，犹豫再三，未做出决定。吕禄相信郦寄的话，与他一起出游。并拜访了他的姑母吕媭。吕媭愤怒地说："你作为将军而不要自己的军队，吕氏众人是死无葬身之地了！"说着说把全部珠宝玉器抛散到堂下，说；"不再为别人收藏这些东西了！"

平阳侯曹苗代理御史大夫的官职，见到相国吕产谋划叛乱。当时，郎中令贾寿出使从齐国归来，就责问吕产说："您不早早回到领地去，现在您想回去，还能回得去吗？"就把灌婴与齐军联合的情况全部告诉了他。平阳侯曹窋听到了他们的话，就骑马飞报丞相陈平、太尉周勃。周勃想进入北军，无法进去。襄平侯纪通掌管符节，就令纪通拿着符节伪告命令把周勃送进北军。

周勃命令郦寄、典客刘揭说服吕禄，二人告诉吕禄说。"皇帝命令太尉守北军，要让您回到领地去，赶快

交出将军印，离开军队，不然祸患就来了。"

吕禄就解下将军印交给了典客，把兵交给了太尉周勃。周勃进入军门，向军中传布命令说："拥护吕氏的人袒露右胸，拥护刘氏的人袒露左胸。"军队都袒露左胸，于是周勃统帅了这支军队。

但还有南军，丞相陈平命令朱虚侯帮助周勃，周勃命令朱虚侯监管军门，令平阳侯告诉卫尉，不要放相国吕产进入殿门。吕产不知道吕禄已离开军队，想进入未央宫作乱。守殿门的军士不让他进去，他在门前徘徊，无计可施。平阳侯飞马报告太尉周勃，周勃觉得还没有必胜的把握，未敢公开宣告诛杀吕产，于是告诉朱虚侯说："赶快进宫保卫皇帝。"朱虚侯从周勃那里求得千余兵卒，率领他们进入未央宫的掖门，在廷上见到了吕产。朱虚侯率兵追逐吕产，把他杀死在郎中府吏官舍的厕所中。

吕产已被杀，皇帝让谒者拿着符节前去慰劳朱虚侯。朱虚侯想夺下符节，谒者不肯，于是朱虚候就同他坐在一辆车上，借着符节前去斩杀了长乐宫卫尉吕更始。朱虚侯回到北军，报告了太尉周勃。周勃起身向朱虚侯祝贺说："我们所担心的唯独吕产，现在已杀死了他，天下就平安了。"后来，杀了吕禄，鞭杀了吕嬃。分派军队逮捕吕氏家族的男女，不论老少，全部斩首。

一六、晋王杨广争权位

杨广看出皇后独孤氏已对太子杨勇极为不满，便想利用这一有利形势夺取太子之位。便邀张衡研究对策，派褒公宇文述结交杨约，通过杨约，把皇后表示不满太子的话转达给手握大权的杨素。杨素惊恐地说："但不知道皇后到底是什么意思？即使果真皇后那么说了，我又能做什么呢？"几天后，杨素到宫内侍宴，不经意地指出晋王杨广很孝顺，尊敬太子，又对大臣恭谨等等，以观察皇后的反应，揣摩皇后用意。皇后流下了眼泪，"你说的很对。这孩子很孝顺，每次听说皇上和我派使臣去扬州，都亲自到边界迎接。他的夫人也很可爱，我派侍婢去，常常和她一块睡觉、吃饭。哪里象杨勇和阿云那样荒淫无耻，终日吃喝玩乐，信任奸佞小人，猜疑、忌恨自己的兄弟！我之所以爱护杨广，是因为我担心杨勇会偷偷杀害杨广。"杨素看出了皇后的真意，便立即附和说太子确实没有德才。皇后便赐给杨素一些金

鬼谷子

银,并产生了废杨勇、立杨广的决心。

杨勇也听到了风声,很害怕,却又没办法。听说新丰人王辅贤会算卦,就召来问他。王辅贤说:"白虹直插太子所居东宫门口,太白星又靠进月亮,这象征着太子可能被废黜。"提出用五个铜铁士兵镇服邪气。杨勇又在后花园中建筑平民村,房子都很矮小,自己按时到矮屋中休息,条件很简陋,借以赎罪。皇帝杨坚听说太子心神不定,便派杨素去观察、杨素来到东宫,藏在一边没进去,杨勇已经穿戴整齐等候着,杨素便故意不进去;这激怒了杨勇,愤怒之情溢于言表。杨素要的就是这效果,一回来,便向文帝说杨勇心怀不满,恐怕有所企图。皇帝起了疑心。皇后又派人到东宫侦察,不管什么事都报告文帝,并添油加醋,网罗罪名。文帝不解,便疏远了杨勇。便在玄武门到至德门路上布置眼线,侦察东宫动态,事无大小,立即奏报。东宫的卫士,凡是侍官以上的卫士的名册都归到各卫府,不由东宫节制,并把武艺高强者调离。

杨广又命段达偷偷地贿赂东宫中有权势的侍臣姬威,令他把太子的各种情况报告杨素。于是到处都流传着关于太子的丑闻。段达又威胁姬威说:"太子的罪过,

皇上都已一清二楚。我已获得消息，很快就要废黜杨勇，另立杨广。你如果能随时报告他的情况，肯定会大富大贵。"姬威答应了。

一七、落难公子

王孙贾"右袒"的行动激起了齐国人的高涨的救国热情。逃散了的那些大臣也陆续跑到莒城来了。王孙贾虽然做了领袖，可是齐国没有君王。这该怎么办呢？于是他们想尽法子，到处去找那个失踪了的太子法章。

法章本来跟齐王在一块。他一听说父亲被杀的消息，于是就打扮成一个穷苦的老百姓跑了。淖齿派了许多人各处去逮他。当天晚上淖齿又派人打着灯笼各处搜查，逼得法章没地躲藏。后来，他摸着黑爬进一个花园，在假山的石头洞里躲了一夜。第二天早晨，他看见一个年老的佣人来打扫花园，就跪在他跟前，说："老大爷，您行个好吧。我是逃难的老百姓，叫王立，父母在兵荒马乱之中都死了。现在我没处投奔。求您老人家行个好跟东家说一声，让我在这儿当个奴仆，我绝忘记不了您的大恩。"那个年老的使唤人是太史家里的老管

鬼谷子

家，瞧见这位眉清目秀的难民，怪可怜的，就在太史跟前替王力说了几句好话。他就这么在太史府里做些浇花、扫地的零活儿。虽然累一点，倒也清静，而且还可以保全性命。于是他就安心地住下去了。

有一天，太史的女儿来逛花园，一见这个新来的下人，面貌长得这么端庄可爱，举止行动又这么大方、文雅。她想："这样的一个年轻人怎么会到这里来当奴仆呢？可能是个'落难公子'吧。"她越想越起疑，就叫丫头过去问他的来历。太子怕再遇到祸患，说什么也不露出自己的底细来。太史的女儿有点见识，她越是问不出王立的来历，越疑心他是个落难的阔公子。从此以后，她常常打发丫头在背地里帮助他。有时候送他几件衣裳，有时候给他送点吃的。王立十分感激她。

日子长了，相互有了说话的机会，一来二去地越来越熟，就你爱我怜地私自订了终身。太子法章不好意思再隐瞒她，就绕着弯地把自己的身世讲了出来。她一知道王立原来就是太子法章，于是更愿意全心全意地跟着他了。

王立在太史家里早就听说聚在莒城的大臣们派人正在四处找太子，然而他还不大放心，不敢轻易出去。过了几个月,他们还是在到处打听太子的下落。他这才知道他们是真心实意地找他,就对太史说明了。太史立刻慌了,立刻报告了王孙贾。莒城的大臣们连忙派来车马,用很隆重的仪式来迎接他,立他为齐王。齐国有了君王,大家就有了发挥忠义的对象。这一来莒城变成了恢复齐国的大本营。他们通知即墨的将士,叫他们守住城,相互互通消息,共同抵抗燕国的军队。

乐毅围困着莒城和即墨整整三年,根本就没法打下来。他既然采用王道,下令退兵,大军驻扎在离城十来里的地方。又下了一道命令,说:"城里的老百姓出来打柴,就让他们随便来往,不准刁难他们。看见挨饿的人,要给他们东西吃;看见受冻的人,要给他们衣服穿。"要是燕国的君臣能够相信乐毅到底,实行收服人心的办法,那么莒城和即墨的抵抗也许长久不了。可是有人从中破坏,辜负了乐毅的一番苦心。

一八、完颜永蹈的面相

崔温、郭谏、马太初与完颜永蹈的家奴毕庆寿私下谈论瀛记灾样,毕庆寿把这件事告诉完颜永蹈,说:

"郭谏很会给人相面。"完颜永蹈就叫郭谏给自己和妻子、孩子相面。郭谏告诉完颜永蹈说:"大王的相貌不一般,王妃和二个孩子都是大贵相。"又说:"大王您是大妃的长子,诸王不能与您比。"

完颜永蹈召集崔温、马太初谈论谶记天象。崔温说:"丑年会有兵灾,属兔命的人明年春应当收取军队即皇帝位。"郭谏说:"昨天出现红气触犯紫微,白虹贯穿月亮,都集向于丑年以后寅年以前用武力即帝位的事。"完颜永蹈深深相信这种说法,就暗地结交内侍郑丽儿来侦察金章宗完颜憬的起居活动,让崔温做主谋,让郭谏、马太初往来做鼓动工作。河南统军使仆散揆取了完颜永蹈的妹妹韩国公主,完颜永图谋得到河南军的帮助,就和妹妹泽国公主完颜长乐谋划,让驸马都谢蒲剌睹写信给仆散挖,并且首先请求结为婚家,来观察仆散揆的意向。仆散揆推辞不答应结为婚家,被派去送信的人不敢再说完颜永蹈图谋不轨的事。完颜永蹈的家奴董寿劝谏完颜永蹈,完颜永蹈不听。董寿把这件事告诉与自己是同辈的名叫千家奴的家奴,千家奴把此事向皇帝作了秘密报告。这时,完颜永蹈在京师,金章宗完颜璟下诏让平章政事完颜守贞、参知政事胥持国、户部尚书杨伯通，大兴府知事尼庞古鉴审问完颜永蹈，受牵连的人很多，很长时间不能做判决。金章宗生气，召见完颜守贞等人询问情况。右丞相夹谷清臣上奏说："做事情可贵的是迅速结束，以便安定人心。"于是，金章宗让完颜永蹈和他的妃子卞玉，两个儿子接春、阿辛，公主长乐自杀。蒲剌睹、崔温、郭谏、马太初等人都被处死。仆散揆虽然没有参与，仍然受到除去名籍的处分。董寿免去死罪，列人宦官名籍中。赏给千家奴两千贯钱，特意提拔为五官杂班叙使。从此对诸王的防备限制多了。

一九、康熙智擒鳌拜

康熙帝即位的时候，年纪才八岁。按照顺治帝的遗诏，由四个满族大臣帮助他处理国家大事，叫做辅政大臣。四个辅政大臣中，有个叫鳌拜，仗着自己掌握兵权，又欺负康熙帝年幼，独断专横。别的大臣和他意见不合，就遭到排挤打击。

清王朝进关后，用强迫手段圈了农民大片土地，分给八旗贵族。鳌拜掌权以后，仗势扩大占地，还用差地

鬼谷子

强换别人的好地,遭到地方官的反对。鳌拜诬陷这些官员大逆不道,把反对他的三名地方官处死了。

康熙帝满十四岁的时候,亲自执政。这时候,另一个辅政大臣苏克萨哈和鳌拜发生争执。鳌拜怀恨在心,勾结同党诬告苏克萨哈犯了大罪,奏请康熙帝把苏克萨哈处死。康熙帝不肯批准。鳌拜在朝堂上跟康熙帝争了起来,后来竟揎起袖子,拔出拳头,大吵大嚷。康熙帝非常生气,但是一想鳌拜势力不小,只好暂时忍耐,由他把苏克萨哈杀了。

从那以后,康熙帝决心除掉鳌拜。他派人物色了一批十几岁的贵族子弟担任侍卫,这些少年个个长得健壮有力。康熙帝把他们留在身边,天天练摔跤。

鳌拜进宫去,常常看到这些少年吵吵嚷嚷在御花园里摔跤,只当是孩子们闹着玩,一点不在意。

有一天,鳌拜接到康熙帝命令,要他单独进宫商量国事。鳌拜像平常一样大模大样进宫去。刚跨进内宫的门槛,忽然一群少年拥了上来,围住了鳌拜,有的拧胳膊,有的拖大腿。鳌拜虽然是武将出身,力气也大,可是这些少年人多,又都是练过摔跤的,鳌拜敌不过他们,一下子就被打翻在地。任凭他大声叫喊,也没有人

搭救他。

鳌拜被抓进大牢,康熙帝马上要大臣调查鳌拜的罪行。大臣们认为,鳌拜专横跋扈,擅杀无辜,罪行累累,应该处死。康熙帝从宽发落,把鳌拜的官爵革了。

康熙帝用计除掉了鳌拜,朝廷上下都很高兴。一些原来比较骄横的大臣知道这个年轻皇帝的厉害,也不敢在他面前放肆。

康熙帝亲自执政后,大力整顿朝政,奖励生产,惩办贪污,使新建立的清王朝渐渐强盛起来。

权篇第三

人之情，出言则欲听，举事则欲成。是故智者不用其所短，而用愚人之所长；不用其所拙，而用愚人之所工，故不困也。

言其有利者，从其所长也；言其有害者，避其所短也。故介虫①之捍②也，必以坚厚；螫虫之动也，必以毒螫。故禽兽知用其长，而谈者亦知其用而用也。

故曰："辞言有五：曰病、曰恐、曰忧、曰怒、曰喜。"故曰："病者，感衰气而不神③也；怨者，肠绝而无主④也；忧者，闭塞而不泄也；怒者，妄动而不治⑤也；喜者，宣散而无要⑥也。"

此五者，精则用之，利则行之⑦。

【注释】

①介虫：有甲壳的虫。

②捍：原本作"悍"，据他本校改。

③感衰气而不神：意即语言恍惚无力，缺乏精神。

④怨者，肠绝而无主：意即怨忧内动思绪紊乱，缺乏主张。怨，别本作"恐"。

⑤妄动而不治：语言冲动，缺乏理智。

⑥宣散而无要：言语散漫，缺乏要领。

⑦精则用之，利则行之：情绪适度、思虑细化，为"精"；便于达意，增强说服力，即"利"。

【译文】

人之常情是只要说出话来都想有人听，做事都希望成功。所以聪明的人都不用自己的短处，而采用愚蠢人的长处；不用自己笨拙的一面，而采用愚蠢人工于技巧的一面，所以聪明的人做起事来不会陷入困境。

说出对对方有利的方面，是为了发挥他的长处；说出对对方有害的因素，是为了避开他的短处。因此那些甲壳动物保护自己，一定要用自己坚厚的甲。那些有毒螯的昆虫行动时，必定使用毒螯刺伤对方。可见禽兽都知道如何使用自己的长处，而对于游说的谋士来说，就更应该懂得如何利用自己的优点来达到目的。

所以说，游说中的言辞有五种：即病言、怨言、忧

鬼谷子

言、怒言、喜言。所谓病言，就是言谈中气力不足，没有神气像病人一样；所谓怨言，就是言语中显出伤心过度，说出没有主见的话；所谓忧言，就是言语中情志忧郁，说了思路不连贯的话；所谓怒言，就是像人怒火攻心，胡乱发泄而说出没有条理狂妄自大的话；所谓喜言，就是言谈中心情欢快，得意忘形而说出一些散漫毫无要领的话。

这五种言辞，只有精通它才能运用它，在情况有利时才能实行。

【感悟】

每个人都有自己的长处和短处，于己而言，就要避开自己的短处，充分发挥自己的长处；于人而言，即使别人比较愚蠢也必有其可取之处，那么就应避开别人的短处，而用其可取之处。

【故事】

一、赵奢破秦军

战国时期，秦国出动大军攻打韩国，在阏与一带驻扎下来。赵王听说这事，有心援救韩国，却又拿不定主

第九章 权篇

意,便召来几位重臣商议。他问廉颇:"我们能不能救救韩国?"廉颇说:"赵国离韩国十分遥远,而且道路艰险,恐怕不容易。"乐乘也这么回答赵王。赵王又问大将赵奢,赵奢略加思索,回答说:"两军相遇,勇者得胜。"赵奢的话正合赵王的心意,于是赵王便命令他统领赵军,前去救援韩国。

赵军出了邯郸,同秦军遭遇了。赵奢见秦军来势汹汹,便下令说:"如果有人胆敢因军国大事对我进行劝说的话,格杀勿论!"秦军擂响了战鼓,震耳欲聋,赵奢十分冷静,对此不加理会,坚壁不出。两军僵持了28日。

在这期间,赵奢又下令不断增设营垒。秦军听说后,十分欣喜,认为赵军刚开出国都30余里就畏缩不前,却不断增加营垒,看来赵国救援韩国怕是要告吹了。秦军的防备开始松懈,赵奢便趁机率军轻装前进,仅用了两天一夜便行军到阏与。赵奢从军中挑选了数百名神射手,让他们在离阏与50里的地方修筑营垒。

秦军得知这一消息,全军猛扑过来。赵军军士许历对赵奢说:"秦军万万没料到我军这么快就赶到了,必定会尽全力来进攻。请将军注意密集队形,严阵以待。"'赵奢没有因为许历进言军事而杀了他,反而采纳

鬼谷子

了他的主意。

临战的时候,许历又说:"谁先占据北山,谁就能稳操胜券。"赵奢表示同意,便发兵万人,向北山方向急行军。

秦军也想抢占北山,但已晚了一步。赵奢见时机成熟,下令出击,结果秦军很快便被击溃,阏与之围由此而解。

二、李牧以怯怠敌

战国末年,赵国名将李牧率兵据守雁门一带,抵御匈奴族的侵扰。李牧要求士卒苦练骑射,同时派了许多探子,搜集和刺探匈奴人的军情。但他却又严令部下,见到匈奴人入侵的警报,务必立即避进城堡中,不得随意捕杀匈奴人,违者按军法论处。

因为他不允许部下出击匈奴人,匈奴人便以为他胆小怯战,连赵军将士也产生了这样的看法。

几年过去了,匈奴人越来越确信李牧的怯懦无能了,便逐渐丧失了戒备。而赵国将士早就想同匈奴人好好打上一仗了。李牧一方面布置战车和骑兵进行演习,一方面让边民跟随军队去放牧。匈奴人见到后,便来抢掠。李牧命赵军假装败退,引诱敌人,并有意让几十人被匈奴俘虏过去。

匈奴单于见李牧的军队如此不堪一击,就率军大举入侵,李牧巧设奇兵,歼灭了 10 多万匈奴部队。

三、诱敌换将

公元前 260 年,秦国大将王龁率军攻打上党郡,赵国名将廉颇带领 20 万大军救援。两军在长平关对峙。秦强赵弱,于是廉颇采取了坚守不出的策略。这样持了数月,秦军无法突破。秦相国范雎派人携带重金去赵国进行离间活动,散布谣言说:"廉颇年老了,不敢出战。秦国最怕的是年青有为的赵括,如果由他指挥赵军,秦军早就被打垮了。"赵王对廉颇的防守策略早就不满了,听到这种议论,便下令将其调回,另派赵括为统帅赵军的大将。

秦王见范雎的离间计得逞,便命令白起为上将军,王龁为尉裨将,指挥秦军相机与赵军决战,同时严令军中不得泄露白起统军的情况,违者斩首,绝不留情。

鬼谷子

赵括奉命来到前线，立即改变了廉颇的作战部署，亲率主力主动出击秦军。白起分析了当时两军所处地理位置及设防情况，决定采取先将赵军主力引诱出城，然后再聚歼的方针。交战之初，秦军假装败退。赵括没想到初战便获胜，误以为秦军不堪一击，有些得意忘形，于是他指挥赵军乘胜追击。白起见状，命令秦军且战且退，诱使赵军主力远离营垒，然后另派精骑突然切断赵军的退路及粮道，接着又指挥秦军主力以迅雷不及掩耳之势，将赵军包围在旷野之上。赵军被围困了46天，粮草殆尽，又无援兵前来解围，已经疲惫不堪了。赵括见事已如此，只好将赵军分为四个部分，企图突围出去，但几次冲杀，均未奏效。赵括最后亲率数千人马强行突围，结果被乱箭射死，赵军迅速土崩瓦解。赵国40万大军投降后，被白起在长平活埋了。

四、王翦巧施离间计

公元前229年，秦国大将王翦率军攻打赵国。赵国名将李牧率军固守，由于指挥有方，屡战屡胜，使秦军久攻不下。王翦领略了李牧的军事才能，清楚地意识

到，要打败李牧，硬攻是不会奏效的，必须运用计谋，等待时机。

秦、赵两军对峙了一年之久，均无建树，赵王越来越不耐烦了。王翦觉得时机到来了，便派人到李牧那里议和，意在引诱赵王猜疑李牧。

他估计赵王很想查清此事，于是又派人偷偷潜入赵国，以重金收买赵王的宠臣郭开。郭开四处散布谣言，说李牧要降秦。赵王生性多疑，并且昏庸愚蠢，他听信了郭开的谣言，下令撤去李牧的统帅之职。李牧以国事为重，不肯离职而去，于是被赵王下令斩首。

王翦的反间计成功后，第二年，秦军长驱直入攻克了赵国都城邯郸，赵王被俘，赵国从此灭亡。

五、一馈十起

"一馈十起"形容事务繁忙或热情听取群众意见。

此典出自汉·刘安《淮南子·氾论训》："一馈而十起，一沐而三捉发，以劳天下之民。"

大禹因为治水立下了功劳，非常受百姓爱戴。后来虞舜把帝位让给大禹，大禹就做了夏朝的第一个君主。

鬼谷子

大禹做了君主以后就用五种声音来治理国家。这五种声音是：钟声、鼓声、磬声、韶声和铎声。他对百姓说："要告诉我大道，就击鼓；要告诉我大义，就敲钟；有紧急事情告诉我，就击磬；有案件要我处理，就敲小鼓；有大事告诉我就摇铃铛。"当他把这五种声音的功能告诉百姓以后，大禹就常常是："一馈而十起，一沐而三捉发，以劳天下之民。"意思是：因为要找大禹的人太多，大禹吃一顿饭都要接待百姓许多次；洗澡的时候也常常还没洗好时就有许多人来找他。他就是这样一心一意为百姓办事。

六、一琴一鹤

"一琴一鹤"形容为官清正廉洁。

此典出自《宋史·赵抃传》："闻卿匹马入蜀，以一琴一鹤自随，为政简易，亦称是乎？"

赵抃（公元1008～1084年），字阅道，宋代衢州（州名，治所在今浙江衢县）西安人。宋仁宗（赵祯）景抃元年（公元1034年）考取进士，任殿中侍御史，弹劾不避权贵。

宋神宗（赵顼）即位后，任用赵抃在谏院任职，负责规劝朝廷得失。按照朝廷的先例，近臣从成都返回朝廷的，如果要重用，必须要到尚书、门下、中书等官署中任职，不能做谏官。赵抃曾在成都任职，而宋神宗居然任命赵抃当谏官，大臣们对此非常不满。宋神宗说："我还得依靠他的直言劝谏呢。想用就应该用，这有什么妨碍呢。"等到赵抃辞谢时，宋神宗说："听说你单人独骑进入蜀郡上任，随身只带一张琴、一只鹤，所带的行李非常少，为政清廉，主持政务简易不烦，你的这种表现，同谏官的身份不是十分相称吗？"不久后，赵抃被提拔为参知政事。赵抃为了感激宋神宗的知遇之恩，竭尽全力效忠于宋神宗。朝廷的政务有不合适的地方，赵抃总是秘密向宋神宗报告，宋神宗亲写手诏，对他以示称赞。

七、地利人和

"地利人和"用来比喻地理条件和群众基础都好。

此典出自《孟子·公孙丑下》："天时不如地利，地利不如人和。"

 鬼谷子

孟轲,一是战国时的一位思想家,是孔子学说的继承者和发扬者。他认识到民心向背的重要性,提出以"仁政治国"和"民贵君轻"的政治观点,宣扬"劳心者治人,劳力者治于人"的思想。

孟轲的政治主张、哲学理论等收集在《孟子》一书中。"地利人和"这篇文章,见于《孟子·公孙丑》的下篇。文中,孟轲论述了战争的胜负取决于人心向背的道理,重点强调了"人和"在战争中的重要性,指出天时有利不如地形有利重要,地形有利不如得人心重要。

八、巧退秦兵

"巧退秦兵"这个典故比喻爱国主义精神。

此典出自《淮南子·人间训》:"秦穆公使孟盟举兵袭郑,过周以东,郑之贾人弦高,褰他相与谋曰:'师行数千里,数绝诸侯之地,其势必袭郑。凡袭国者,以为无备也,今示以知其情,必不敢进。'乃矫郑伯之命,以十二牛劳之。三率相与谋曰:'凡袭人者,以为弗知,今已知之矣,守备必固,进必无功。'乃还师而反。"

这段话意思是说：秦穆公派孟盟等出兵偷袭郑国。军队来到郑国东西，郑国的商人弦高和蹇他共同商议说：

"秦国的军队已经远征几千里，频繁地攻克了很多国家，看他们的趋势，一定是要偷袭咱们郑国。只要是偷袭其他国家的人都以为那个国家不知道要被偷袭，没有准备。如果我们说明知道了他们的真情，他们一定不敢再前进，这样就可保住郑国不受到侵略。"

于是弦高和蹇他就假装是受郑王的命令，用十二头牛，去慰劳秦军。秦国的三个统帅觉得非常奇怪，认为郑国已经发觉了就互相商议说：

"凡是偷袭别国，都是因为对方不知道。现在人家已经知道了，专门派人来慰劳，那就一定加强防守了，所以，再按原计划行动，可能就不会有好结果了。"于是就退兵回国了。

九、鸣鼓而攻

人们用"鸣鼓而攻"表示公开宣布罪状，加以声讨。

此典出自《论语·先进》:"季氏富于周公,而求也为之聚敛而附益之。子曰:'非吾徒也,小子鸣鼓而攻之可也。'"

春秋时期,鲁国的季孙氏、仲孙氏和叔孙氏势力很强大。公元前562年,这三家将公室(即鲁国国君直辖的土地和附属于土地上的奴隶)瓜分,季孙氏分到三分之一;公元前537年,三家第二次瓜分公室,季孙氏分到二分之一。由于季孙氏推行了新的政治和经济措施,因此他很快就富起来了。

季孙氏本来就比周王室的公侯还富有,孔子的学生冉求又帮助季孙氏到处搜刮钱财,使得季孙氏更富有。于是,孔子对其他学生说:"冉求不再是我的学生了,你们可以无所顾忌地指责他了!"

一〇、孔子断粮

这篇寓言指出,只看表面现象,仍会陷于主观片面;还需全面了解情况,深入调查研究,才能掌握事物的真实情况。

此典出自《吕氏春秋·任数》。

第九章 权篇

孔子被困在陈国和蔡国之间的路上,连野菜汤也喝不上,七天没有吃一粒饭,饿得实在是无计可施,只好白天睡大觉。

颜回出去讨米,得到了一点,拿回来煮饭吃。快要煮熟的时候,孔子看见颜回从锅里抓起一把米吃掉了。孔子假装没有看见。没多久饭煮熟了,颜回端着饭送给孔子吃。孔子站起来说:"今天我梦见了死去的父亲,应该祭奠他,饭要干净,然后才好祭奠。"颜回答道:"不行。刚才煤灰掉进锅里,扔掉可惜,我就抓起来吃了。"孔子感叹地说:"人所相信的是眼睛,但是有时候眼睛也不可相信;所依靠的是心,然而有时候心也不足以依靠。弟子们记住,了解人实在是不容易呀!"

一一、枯梧不祥

这则故事表明为人忠与不忠,主要就看有无私心。

此典出自《列子·说符》:"人有枯梧树者,其邻父言枯梧之树不祥,其邻人遽而伐之。"

邻人父固请以为薪。

其人乃不悦曰:"邻人之父徒欲为薪,而教吾伐之也。与我邻若此,其险岂可哉!"

有一个人家里有一棵干枯了的梧桐树,邻居的老大爷对他说干枯了的梧桐是不吉利的,于是那个人便立刻砍掉了那棵干枯的梧桐树。

这时,邻居的老大爷执意要求那个人把枯树送给他当柴火烧。

那人听了很不愉快地说:"邻居的老大爷只是想找柴火烧,才让我砍掉这棵树的呀。我的邻居这么阴险怎么行呢!"

一二、哭母不哀

"哭母不哀"揭穿了一切伪善者的假面具。

此典出自《淮南子·说山训》:"东家母死,其子哭之不哀。"

东邻家的母亲去世了,她的儿子哭得一点也不伤心。

西邻家的儿子看见了,回家告诉他的母亲说:"母亲,你为什么不早点死呢?我一定哭得非常悲痛!"

凡是盼望母亲早点死的人,即使母亲死了也不会悲恸的。

一三、狂奴故态

"狂奴故态"用以比喻狂士放荡不羁、蔑视权贵的老脾气。

此典出自《后汉书·严光传》:"霸得书,封奏之。帝笑曰:'狂奴故态也。'"

严光,字子陵,别名遵,东汉会稽余姚人。年轻时就很有名气,与光武帝(刘秀)一同游历求学。光武帝即位后,严光就改名换姓,从此隐居起来不再露面。光武帝思慕他的贤德,派人画形图貌去寻访他。后来,齐国报告说:"有一个男子,身披羊皮袄,在泽中钓鱼。"光武帝觉得那个钓鱼人一定是严光,于是准备好可以安坐的车子,和黑色、黄赤色的币帛,派使者去请求严光。使者去请了好几次,严光才答应前来。光武帝把他安置在守卫京师的屯卫兵大营中居住,摆设好床褥,由掌管御膳的官吏按时送菜送饭。

司徒侯霸与严光是老朋友,想请严光到家中一叙,

鬼谷子

便派使者持信前去相邀。使者对严光说:"侯公听说先生来了,真心实意地要马上来拜访,只因职务缠身,所以没有能及时赶来。他想借晚上的机会,请您屈尊同他谈谈。"严光没有回答使者,顺手把一个写字用的小木片扔给使者,让他记录,自己口授道:"君房(侯霸字君房)足下:您官至三公,很好。心怀仁爱,辅佐正义,天下人都很高兴;阿谀奉承,顺从旨意,腰、颈就会断绝,身首分家。"侯霸收到信后,把信封好送给光武帝,让他看。光武帝笑着说:"这个放荡不羁的家伙还是那副老脾气。"

一四、乐羊食

这则历史传说故事讽喻了"有功而见疑"的主题。

此典出自《说苑·贵德》:"乐羊为魏将以攻中山。其子在中山,中山悬其子示乐羊。乐羊不为衰志,攻之愈急。中山因熟其子而遗之。乐羊食之尽一杯。中山见其诚也,不忍与其战。果下之,遂为文侯开地。文侯赏其功而疑其心。"

乐羊作为魏国的将领,率兵去攻打中山国。他的

儿子就在中山国内,中山国人便把他儿子绑起来悬挂在城门上,以此来威胁乐羊。乐羊看了,根本没有减弱斗志,反而更加猛烈地攻城。中山国人便把他的儿子烹煮了,然后送给他吃。乐羊毫不犹豫地吃下了儿子的肉。中山国人看到他攻城的决心,便不忍心再和他争战了。乐羊最终把中山国攻灭,给魏文侯开拓了疆界。但是,魏文侯嘉赏乐羊的战功后,却怀疑起他的忠心来。

一五、文事武备

公元前501年,齐景公正打算拉拢鲁国的中原诸侯,把齐桓公当年的事业重新干一番,正巧鲁国的阳虎来到齐国来,请齐景公派兵帮他去攻打鲁国。

阳虎是鲁国大夫季孙氏的家臣。那么为什么一个家臣就有这么大的势力呢?

事情是这样的:鲁国的国君鲁昭公被大夫季孙如意(季孙行父的孙子)赶走了不可能回来。鲁国的老百姓都拥戴季孙氏,说鲁昭公失了民心,不配做国君。他死在国外,谁也不会去可怜他。鲁国的政权全部掌握在季

孙氏、孟孙氏、叔孙氏三家大夫手里。鲁昭公死在国外，三家大夫立鲁昭公的兄弟为国君，就是鲁定公。而实地上鲁定公也只是个名义上的国君，大权还是在他们三家手里。

一国的几家大夫得到了实权，国君独尊的局面就给打破了。大夫夺取国君的实权，大夫的家臣又想夺取大夫的实权。

公元前502年，季孙氏的家臣阳虎不但要夺取季孙氏的大权，而且还要把季孙、孟孙、叔孙三家灭了，打算把整个鲁国大权控制在自己手里来。"三桓"被逼无奈，只好联合到一块儿去对付阳虎，才把阳虎打败。他跑到齐国，请齐景公派兵帮他去打"三桓"。齐景公觉得不能这样做。晏平仲请齐景公把阳虎送回鲁国去。齐景公就把阳虎逮住押回鲁国去。半路上阳虎买通了看守他的人，逃走了。齐景公给鲁定公写了一封信，告诉他阳虎偷跑了，还约鲁定公到齐、鲁交界的夹谷（在山东省莱芜县）商议。鲁定公自己不敢做主，就把三家大夫请来商量。

季孙斯（季孙如意的儿子）对鲁定公说："齐国为了袒护先君昭公，三番两次地来打咱们，搞得我们鸡犬

第九章 权篇

不宁。现在他们愿意和好,咱们怎么能不去呢?"鲁定公说:"我去开会,谁当相礼跟我一块儿去呢?"大夫孟孙何忌推荐鲁国的大司寇去。孔丘就是闻名天下的孔子。孔丘的父亲是个地位并不高的武官,叫叔梁纥。他有九个女儿和一个儿子了。儿子的腿有毛病,可能是个瘸子。叔梁纥虽然上了年纪,可是还想生个文武双全的儿子。于是又娶了个小姑娘叫颜征在。他们曾经在曲阜东南方的尼丘山上求老天爷赐给他们一个儿子。后来他们果然生了个儿子,他们觉得这个儿子是在尼丘山上求来的,于是就给他取名叫孔丘,又叫仲尼('仲'就是'老二'的意思)。

公元前501年,孔子已经五十岁了。他在鲁国做了中都宰。第二年,做了司空,又由司空升为大司寇。齐景公约鲁定公到夹谷去开个会议。鲁定公请孔子做相礼,准备一块儿到齐国去。孔子对鲁定公说:"我听说讲文事的事必须有准备。就是讲和,也要准备好兵马防备着。以前宋襄公开会的时候,没带兵车去,结果受了楚国的欺负。这就是说,光有文没有武不行。"鲁定公听了他的话,便让他去安排。孔子就请鲁定公派申句须和乐颉两名大将带领五百辆兵车跟着他们一起上夹

 鬼谷子

谷去。

到了夹谷,两位大将把兵马驻扎在离会场十里的地方,自己随着鲁定公和孔子一同上会场。开会的时候,齐景公有晏平仲当相礼,鲁定公有孔子当相礼。举行了开会仪式后,齐景公就对鲁定公说:"咱们今天聚在一起,真是非常不容易呀,我预备了一种挺特别的歌舞。请您欣赏。"说话之间他就叫乐工表演土人的歌舞。一会儿台底下打起鼓来,有一队人扮做土人模样,有的拿着旗子,有的拿着长矛,有的拿着单刀和盾牌,打着呼哨,一窝蜂似的拥上台来,把鲁定公的脸都吓白了。孔子立刻跑到齐景公跟前,生气地说:"中原诸侯开会,就是要有歌舞,也不应该拿这种土人打仗的样子当做歌舞。请快叫他们下去。"晏平仲也说:"说的是啊。我们不爱看这种打架的歌舞。"晏平仲哪里知道这是齐国大夫黎弥和齐景公两个人使的诡计。他们本来想拿这些"土人"去威胁鲁定公,以便在会议上向鲁国再要些土地。经晏平仲和孔子这么一说,齐景公也觉得难为情,就叫他们下去了。

黎弥躲在台下,等着这些"土人"去吓唬鲁定公,自己准备在台底下带着士兵一起闹起来。没想到这个计

第九章 权篇

策泡汤了，只好另想办法，散会以后，齐景公请鲁定公吃饭。正在宴会的时候，黎弥叫了几个乐工来对他们说："你们上去唱'文姜爱齐侯'这首歌，把调情那一段表演出来，目的是羞辱鲁国的君臣。事成之后，就重重地赏你们。"他布置完了，齐景公说："土人的歌舞不合鲁君的胃口，我们就唱个中原的歌儿吧！"齐景公说："行，行！"

那些擦胭脂抹粉的乐工就在齐、鲁两国的君臣跟前连唱带跳地表演起来了。唱的是"夫人爱哥哥，他也莫奈何！"这些下流词儿。气得孔子拔出宝剑，瞪圆了眼睛，对齐景公说："他们竟敢戏弄诸侯，应当定罪！请贵国的司马立刻将他们治罪！"齐景公默然不语。乐工们还接着唱："孝顺儿子没话说，边界起造安乐窝！"很显然这是侮辱鲁国的君臣，孔子忍不住了，就说："齐、鲁两国既然和好结为弟兄，那么鲁国的司马就跟齐国的司马一样。"说完他就扯开了嗓子向台下喊："鲁国的大将申句须和乐颀在哪儿？"那两位大将一听见孔子叫他们，飞也似的跑上去把那两个领头的乐工拉出去。其他的乐工一见就惊异失措地全跑了。齐景公吓了一大跳，晏平仲非常镇静地请他放心。到这时候，黎弥才知道鲁

鬼谷子

国的大将也在这儿,还听说鲁国的大队兵马都驻扎在附近,吓得他也缩着脖子退出去了。

宴会之后,晏平仲狠狠地批评了黎弥一顿。他又对齐景公说:"咱们应当向鲁君道歉。如果主公真要做霸主,真心诚意地打算和鲁国交好,应当把咱们从鲁国汶阳地方霸占过来的灌阳、郓城和龟阳这三块土地还给鲁国。"齐景公听了他的话,就把这三个地方都还给了鲁国。然而鲁定公却并不怎么高兴,向齐景公道了谢,就回国去了。

一六、平步青云

战国时代,策士说客的风气很盛,很多人凭着天花乱坠的口才,层出不穷的诡计,就可立时取得统治者的信任,掌握政治大权。那时候魏国有个名叫范雎的人,他想说服魏王,替自己干点事业,由于没有机会,便投身在魏国官员须贾门下。有一次,他随须贾出使齐国,齐王很看中范雎的辩才,派人送了些礼物和金钱给他。须贾回国后报告了宰相魏齐,魏齐不经调查便叫手下的人将范雎打得重伤,关在相府的厕所里。范雎装死,给

232

守门人救了出来，于是他躲在朋友郑安平家里疗伤。这时正巧有个秦国使者来魏国，郑安平将范雎介绍给秦国使者王稽，王稽便悄悄将范雎带回秦国。范雎用张禄的姓名见秦昭王，到了后来竟作了秦国的宰相，他主张攻魏。

魏王派须贾作使者，希望在宰相面前缓和局势。到了秦国，范雎便打扮成佣人去替须贾驾车去相府，等到了相府门前，他假装替须贾进去通报，便不出来了，须贾打听之下，才知道这个假扮佣人的人居然是宰相张禄！须贾吓昏了，急忙解开衣服，跪着爬进去见范雎，叩头说："我没有料到你能凭自己的力量经营到这样高的地位，我不敢再读天下的书，不敢再参与各国间的事。我犯有不赦的罪，请宰相将我送去塞外胡人居住的地方去吧！我是生是死，就全由宰相一人说了算了！"

一七、大树将军

西汉后期，社会矛盾非常尖锐。公元8年，上层豪强的代表王莽废除西汉刘氏皇朝，建立起国号叫做

"新"的王氏皇朝。公元 22 年，南阳郡舂陵乡（湖北枣阳县东）人刘縯、刘秀兄弟起兵反对王莽，他们又召集新市、平林、下江的兵士，同王莽的军队作战，第二年汉兵就达到十余万人。经过一番争执，懦弱无能的刘玄被拥立为皇帝，号称更始帝。就在这种历史背景下，出现了一个重要人物，他就是冯异。

冯异，字公孙，颖川父城人，喜爱读书，精通《左氏春秋》和《孙子兵法》。当光武帝刘秀起兵攻打王莽时，冯异身为郡掾监督五县，与父城的长官苗萌一起守城，替王莽抗拒汉兵，不料在战斗中被汉兵俘虏。他看到刘秀的军队纪律严明，就带着苗萌等人归降了刘秀。他替刘秀出主意安抚民心，使刘秀受到社会众多阶层的拥护，于是刘秀拜他为偏将军，封为应侯。冯异为人谦让，不好自我夸耀。行路时与将军们相遇，他就将自己的车避到一边，让开道路。他的军队无论前进还是后退，都有标记，军中都说他的部队军容整齐。每次部队驻扎下来，将军们坐在一起争论功劳时，冯异常常一个人躲到大树下，军中称他为"大树将军"。攻下邯郸之后，重新调换将领，分别配备部下，军士们都希望跟随"大树将军"，因此光武帝刘秀特别器重他。

一八、佞臣江充

孝武皇帝末年，卫皇后渐渐失宠，江充受到重用。江充和太子及卫后有矛盾，担心皇上死后自己被太子杀掉。碰巧当时有用巫术毒害人的事发生，江充借此施行奸计。当时，皇上年事已高，心中常怀厌恶，以为左右的人都在干惜巫术诅咒之事，于是彻底清查。丞相公孙贺父子，阳石、诸邑两公主，以及皇后弟子长平侯卫伉都因此被杀，这些事记在公孙贺、江充传中。

江充主管治理巫蛊，知道皇上的心思后，便禀告说宫中有毒气，进入宫殿及各省（古代官署名）中，毁坏御座挖掘地面。皇上令按道侯韩说、御史章赣、黄门苏父等协助江充查办。

江充到太子宫去掘蛊，挖得一个桐木人。当时皇上患病，在甘泉宫避暑，只有皇后、太子在。太子召见少傅石德讯问对策，石德害怕自己作为太子师傅，一旦事发要一起被杀，便对太子说："前丞相父子、两位公主及卫氏皆遭此祸、现在巫师与使者掘地得到证据，不知是巫师搞的还是本来就有，没有办法辩明，可以用符节

假托诏命,收捕江充等人关在狱中,彻底惩治一下他的奸诈。况且皇上病在甘泉宫,皇后及众宫的请问都不能报上去,皇上死活未知,奸臣就如此猖狂,你怎么不想一想秦朝扶苏的事呢?"太子听后感到事态紧急,同意石德的话。

征和二年七月壬午,太子派手下宾客打扮成使者收捕江充等人。按道侯说怀疑使者有鬼诈,不肯接受诏命,被宾客杀死。御史章赣被杀伤后急急逃走,自回甘泉宫。太子让合人无且,拿着节符在夜间进入未央宫殿长秋门通过长御倚华,全部报告了皇后。派出皇后车马库的车载射士及长乐宫卫兵,从武库中取出兵器,然后告令百官说江充谋反,于是把江充斩头示众,把胡地的巫师烧死在上林苑中。

一九、范十一娘医病

有一个年轻漂亮的姑娘,名叫范十一娘。她的父母非常宠爱她,只要是来提亲的,都让女儿自己选择。有一年的七月十五庙会,范十一娘去游玩。她遇见一位少女,长得与她一样漂亮,说起话来很有礼貌,两人情投

第九章 权篇

意合,像姐妹一样相互友爱。范十一娘问起她的姓名和家庭住址她回答说:

"我叫封三娘,父母早逝,只有一个老太太守家望门,住在邻村。"

范十一娘邀请封三娘到她家里去玩,封三娘答应了。

一晃两个月过去了,封三娘没有如约来范家,范十一娘非常想念她,以致忧伤成疾。一天傍晚,范十一娘闲得无聊,让丫环陪她到花园散心。刚在石头上坐定,忽然看见封三娘正趴在院墙上往里张望。范十一娘又惊又喜,忙拉她进园,一起畅谈起来。

范十一娘责怪她说:"你怎么不守信用?想死我啦!"

封三娘解释说:"我也很想念你呢,只是家境贫寒,与你交往害怕被你家仆人婢女耻笑呢!"

范十一娘流着眼泪说:"我想你都想出病了呢,你不要离开我啦……"

封三娘也流下了眼泪,挽着范十一娘娇声说:"我来这里姐姐可要保守秘密呢!让那些造谣生事的人知道了,他们说三道四,说长道短的,实在叫人受不了……"

范十一娘破涕一笑,高兴地说:"只要你留下陪我,我什么都答应你!"

从此她们俩同睡一床,相处得非常好,范十一娘的病也好了。父母听说女儿有一位美丽的小姐陪伴着,也非常满意……

后来得知,封三娘是由狐狸精变的……

二○、李辅国保护太子

宝应元年四月,肃宗病重到了弥留之际。皇后张氏与宦官李辅国有怨隙,想趁着皇太子监国,把李辅国杀了,派人以肃宗之命召太子进宫。张皇后对太子说:"贼臣李辅国,长期主持禁军的工作,四方的诏令都出自其口。还假造制命,逼着圣皇迁徙。现在皇上的圣体已到弥留之际,他便快快不乐,常常忌恨着我和你。又听说射生内传程元振勾结宦官,想要图谋不轨,如果不杀了他们,恐怕祸在旦夕。"太子哭着回答说:"这两人是陛下的勋;日内臣,现在圣体不康,再用此事去惊扰圣虑,感情上实在受不了。如果一定要这么干,就应当到外面去慢慢想办法。"张皇后知道太子难与共事,便召来越王李系对他说:"皇太子仁爱怕事,很难与他一起商讨平定祸难。"再把除掉李辅国的计谋告诉他,说:"你能办这件事吗?"李系说:"能。"张皇后让内谒者监段恒俊与越王李系商议,召来宦官中有勇气武力的二百余人,在长生殿授给他们武器。这月的乙丑日,张皇后假传圣旨召见太子,程元振打听到了他们的计谋,告诉李辅国。

程元振握兵在凌霄门等候太子,太子到后,把变难告诉他。太子说:"一定不会有这等事。圣上的疾病很重,我难道怕死而不赴召吗?"程元振说:"为了社稷考虑,去了就会祸难临头。"于是用兵保护太子隐藏在飞龙厩。丙寅日晚上,程元振、李辅国强令士兵集合到三殿前,收捕了越王李系及同谋的内侍朱光辉、段恒俊等一百余人,关起来殴击,把张皇后幽禁到别殿,并让侍者十几人跟着。当天,张皇后、越王李系都被李辅国杀害。

二一、李克宁起兵

振武节度使李克宁,是晋王李存勖的叔父,为番

汉马步都知兵马使,兵权在握。李存勖欲将管理军府大事之权委托给李克宁,就对他说:"侄儿我年少幼稚,不通处理政务之理,虽然继承了先王留下的使命,但恐怕不能镇服众人。叔父功高德重,为众人推崇佩服,还请你掌管军府,等我能自立后,一切都听从你。"李克宁说:"亡兄留下遗诏,将王位嘱托给我侄儿,谁敢有什么异议!"趁势率先向李存勖拜谢庆贺。过去,李克用为奖励有功战将,而让他们多多地养妾生子,蓄积同姓势力。这些妾所生之子,其衣冠、礼仪和俸禄都如同嫡生之子,他们共有六七批,能与继承王位的嫡长子相比,等他们长大后,都在各自的统辖范围控制了强大的兵力,他们从早到晚聚在一起商议,谋划起事作乱。

李存团继承王位后,他们中有的人不肯低头拜见,有的郁郁不乐、怨恨惆怅,称病不理事务。这时,李存颢心怀阴谋挑动李克宁说:"兄长亡故,弟弟继承兄长之位,这是从古至今的惯例,叔父拜侄儿,从道理上说是不妥当的。"李克宁之妻性情一向刚烈狠毒,也趁势激怒李克宁图谋兴起祸乱。李存勖打算在李克宁的住所谋害张承业、李存璋等人,将并州、汾州等九州归附梁

第九章 权篇

国，把贞简太后送到梁国作人质。李克宁的谋乱之心被激发起来，他擅自杀掉了大将李存质，要求李存勖授予自己云州节度使的职务，割蔚州、朔州、应州为自己的属郡，李存勖都应允了，但李存勖对他阴谋作乱已知道得有些日子了。

李克宁要在李存勖路过他的宅第时，图谋起事，加害李存勖。这时，幸有大臣史敬镕把这消息报告了李存勖，史敬镕也曾被李克宁所诱惑，所以对李克宁的事情全都知道。李存勖对张承业说："叔父竟有如此的行为，全无怜爱侄子之情，骨肉之间不可自相残害，我应当从权位上隐退下来，这样，祸乱就不会兴起了。"张承业说："我受先王之托辅佐你，先王的话现在犹在耳畔。李存勖等要把太原归降于梁朝，晋王你还想到哪里去寻求生路呢？不立即除掉他们，我们离死亡就没有几天了。"于是，李存勖便召集吴哄、李存漳、李存敬、朱守殷，把李克宁的阴谋告诉了他们，这些人听后都十分愤怒。

二月壬戌日，李存勖命令李存璋设下伏兵，杀掉了李克宁，于是使平息了灾难。

二二、智捉白胜

晁盖、吴用等智取了生辰纲后,大名府留守梁中书、东京太师府蔡京分别来书札和指令,要济州府府尹立即捉拿劫取生辰纲的"贼人"。蔡京命令济州府在十天之内必须捉拿"贼人"归案,否则惟府尹是问。济州府尹接到上司指令,慌了手脚,立即命令捕快头目何涛抓紧时间破案,否则重罪加身,决不宽饶。

何涛领了台旨,急得如热锅上的蚂蚁,立即召集许多公差到机密房中商议此事。众公差都面面相觑,如箭穿雁嘴,钩搭鱼腮,都无话可说。当初何涛就有五分烦恼,今见众公差拿不出办法,又增添了五分烦恼。无奈,只得独自一人回到家中,闷闷不乐。

他弟弟何清了解了兄长的苦衷后,拍着大腿说:"这伙贼,我都捉在便袋里了。"何涛大吃一惊道:"兄弟,你为什么说这伙贼在你便袋里?"何清道:"我赌博输了,便去北门外十五里的安乐村给店小二抄了半个月的文簿。六月三日,有七个贩枣子的客人来投宿,我认得其中一个是郓城县东溪村的晁保正。第二天,又有一

第九章 权篇

个叫白胜的挑着担子从村前经过。后来沸沸扬扬地听说道:'黄泥岗上一伙贩枣子的客人,用蒙汗药麻翻了人,劫走了生辰纲。'我猜不是晁保正,还能是谁!只要抓住了白胜,问问他就会知道事情的真相了。"

何涛听了大喜,立即禀报了府尹,府尹立刻命令八个公差去捉拿白胜。

权篇第四

故与智者言,依于博①;与拙②者言,依于辨③;与辨者言,依于要④;与贵者言,依于势;与富者言,依于高⑤;与贫者言,依于利;与贱者言,依于谦;与勇者言,依于敢⑥;与过者⑦言,依于锐。

此其术也,而人常反之。是故与智者言,将以此明之;与不智者言,将以此教之,而甚难为也。故言多类⑧,事多变。故终日言,不失其类,而事不乱。终日不变,而不失其主。

故智贵不妄,听贵聪⑨,智贵明⑩,辞贵奇⑪。

【注释】

①博:知识渊博,见多识广。

②拙:拙纳,不善言谈。

③辨:嘉靖抄本作"辩",即口辩。意谓与拙于言

词的人说谈,要充分发挥口辨能力。

④要：简明扼要。

⑤高：此指精神高度集中。

⑥敢：果敢,积极进取。

⑦过者：有过失和缺点的人。

⑧故言多类：类,通戾,谓失之偏颇。

⑨聪：敏锐。

⑩明：明断。

⑪奇：巧妙。

【译文】

跟聪明人说话，就要依靠渊博知识为原则；跟不善言谈的人交谈，就要靠能言善辩，跟能言善辩的人交谈，要简明扼要；跟地位高贵的人说话，要依靠气势；跟有财富的人说话，要显示出高雅廉洁；跟贫穷的人说话，要讲求实际利益；跟地位低贱的人说话，要态度谦恭；跟勇敢的人说话，要显示果断；跟愚蠢的人说话，要直截尖锐。

这就是说话的技巧，但是，人们常常反其道而行之。因此跟聪明的人谈话就用这些技巧去开导他；如果跟愚笨的人谈话就用这些技巧去教导他，却很难办到。

鬼谷子

因此论说有很多种类，事情也变化万千。整日说辩只要不偏离各种言辞的原则，那么所议论的事就会有条不紊。终日变化所论之事，也不会迷失论说的主题。

因此聪明的人最可贵的在于言谈中不妄加议论。听人讲话最重要的是听得清楚，智慧最重要的在于通晓事理，说辞最重要的是出人意料。

【感悟】

人的学识和社会背景都是不一样的，对于不同的谈话对象要采用不同的谈话方法。或依于博，或依于辩，或依于势，等等，只要掌握了这些方法，那么在谈话中无论谈论的是哪一方面的事情，在谈话过程中发生怎样的变化，你都会掌握主动权，说话有条不紊。

【故事】

一、孔子三缄其口

春秋时期，孔子列游到东周，参观周天子的祖庙。庙堂右边台阶前有一尊铜像，它嘴上贴着三层封条，背上还刻有铭文说："这是古代说话特别谨慎的典范。要引以为戒啊，要引以为戒啊！不要多说话，多说话就多

第九章 权篇

败亡；不要多管事，多管事就会多祸患。安乐时一定要警戒自己不要忘乎所以，更不能去做使自己后悔的事情。别认为当时没什么祸患，其祸患将会很长久；别认为没有什么损害，其祸患将会很大；别认为没什么残害，其祸患将会蔓延；更别认为没有人知道，老天将会惩罚你。小火微光扑不灭，对怎能奈何熊熊大火；涓涓细流不堵住，就会汇成滔滔的江河；绵绵的丝线不剪断，就会织成罗网；不砍伐青青的幼树，枝繁叶茂之后，将需要更大的斧头。如果不能做到谨慎行事，就会酿成祸患；口有什么坏处呢？它是招祸之门。强暴蛮横的人往往死得很惨，争强好胜者必然会遇上对手；盗贼怨恨主人，百姓妒忌显贵。君子深知不可能压倒天下的人，所以甘落人后、甘居人下反而使人敬慕。取柔弱之势，居低下之位，谁也不能与之抗争。人们都趋向彼方，我独坚守此处；众人都盲目跟从，唯独我不肯随波逐流；内心蕴藏着自己的智慧，从不与别人比试技能高下；这样，即使身份尊贵，地位显赫，也没有人加害于我。大江大河之所以比众多的溪流更加源远流长，就是因为它地处低下之位。上天行事不分亲疏，常常保护好人。要以此为戒啊！要以此为戒啊！"孔子看后，回头

 鬼谷子

对弟子们说:"你们要记住这些话!这些话虽然粗俗,但却切中事情的要害。《诗》上说:'小心谨慎,如面临深池,如脚踩薄冰。'能做到这样立身处世,就不会因说话而导致灾祸的发生了!"

二、言必有中

着春秋时期,鲁国有一个储存财货、兵器等物的仓库,叫长府。鲁昭公曾以长府为据点,攻打过季孙氏。鲁昭公被赶走以后,季孙氏为了防止鲁昭公反攻就决定改建长府。孔子的弟子闵子骞说:"照老样子下去,难道不行吗?为什么一定要改建呢?"孔子说:"闵子骞平时不怎么说话,没想到一说话就说到要害上。"

《周书·武帝纪上》中讲公元六世纪二十年代,黄河流域的各族人民大起义彻底瓦解了统治中国北部的北魏王朝,后来便在北方形成东魏和西魏两个割据政权,与割据江淮以南的梁形成政权三分鼎立的形势。后来,东魏改为齐,西魏改为周——后人称它为北周。(北)周武帝宇文邕,死后谥号为武皇帝,称为高祖。宇文邕字祢罗突,是宇文泰(字黑獭,死后谥号为文皇帝,称

第九章 权篇

为太祖)的第四个儿子。他的母亲叫叱奴太后,在大统九年生下宇文邕,天和二年(公元567年)被尊为皇太后。宇文邕非常孝顺父母,聪明又有才干。父亲非常器重他,说:"将来成就大业的,一定是他。"宇文邕的大哥宇文毓(小名统万突,死后谥号为明皇帝,称为世宗)即位后,特别喜爱宇文邕,每逢研究朝廷大事,大多都让宇文邕参加讨论。宇文邕性格深沉,深谋远虑,如果不征求他的意见,那么他就会一直保持缄默。宇文毓经常叹息说:"四弟不喜欢说话,可是说起话来,都能说到点子上。"

三、荀况的礼义

荀况又称荀卿,是我国古代杰出的唯物主义哲学家之一,战国末期赵国人。战国末期,由于封建经济的发展,又经过长期的兼并战争,一个全国统一的局面正在形成。荀况的思想,反映了实现统一集权的进步要求,并从理论上为地主阶级建立中央集权制造舆论。他对春秋战国以来的各派学说进行了研究和总结,有批判,有吸收,而后提出了一套完整的理论。

 鬼谷子

《效儒》是荀况论述"大儒"与"俗儒"的对立,重点阐述"大儒"即荀况理想中的地主阶级政治家、思想家的政治作用的一篇文章。在这篇文章中,荀况尖锐地批判了以孟轲为代表的"俗儒",借"大儒"来表达自己致力于社会变革,实现统一天下的政治抱负。他认为,只有重用"大儒",才可以达到"天下为一,诸侯为臣"的封建统一局面。但是,由于阶级和历史的局限性,荀况太过于夸大了所谓"圣人"的作用,把"圣人"说得完美无缺、形象高大,是实现封建统一的唯一因素。

荀况说:那些被称之为圣人的人们,办事是那样的井井有条;意志是那样的坚定不移,始终如一。他们安然自若,是那样经久不息;光明磊落,能够清醒地运用智谋;端正不邪,其行动是那样地符和礼义。……用最好的最完备的方法治理国家,任何事物都不能使他动摇,这就叫做圣人。

四、二者必居其一

战国时,有一次孟子去齐国,向齐王提出很多建

议，但齐王都没接受。孟子离开齐国时，齐王赠送给孟子一百金，他也不接受。到了宋国，宋君赠送给孟子七十金，他反而接受了。又到了薛国，薛君赠送给孟子五十金，他也接受了。

孟子的学生陈臻对这个问题很迷惑，问他说："假如说您不接受齐王的赠金是对的，那么，接受宋君、薛君的赠金就不对了；如果说接受宋君、薛君的赠金是对的，那么，不接受齐王的赠金就是错的了。一个人前后的行为应当一致，您只能在这二者中选择一种（"夫子必居一于此矣"），怎么前后矛盾呢？"

孟子向陈臻解释说："你说的是非常道理，但不了解其中真正的原因。在宋国，我将去很远的地方，路上要用钱，不接受行吗？我到了薛国，看见到处都戒备森严，我住的地方有士兵站岗。薛君给我五十金，我当然要接受。但我不是自己要，而是把它分给了士兵。谈到齐国，齐王给我的赠金，我没有用处，没有用处而又要别人的赠金，那不是向别人借钱吗？天下哪有君子向别人借钱的呢？"陈臻听了，觉得老师说得很有道理。

 鬼谷子

五、减灶破魏

战国时期,群雄纷争。一次,魏国军师庞涓统领大军攻打韩国,韩国自知不敌,便派人去齐国求援。

齐威王召集文武百官商议此事,他主张出兵,所以问:"诸位看何时发兵最好呢?"宰相邹忌反对出兵,说:"最好不发兵。"大将田忌则认为,如不援助韩国,韩国的末日在即;而如果打算援助韩国,就不如趁早发兵。这时,孙膑说道:"魏国此次来者不善,恐怕是要置韩国于死地,韩国无法抵敌,所以才向我们伸出求援之手。最好立即告知韩国,齐国一定会发兵相援,以便坚定他们御敌的信心,等魏军劳顿之时,我们再出师,就会轻松得多。"齐威王对孙膑的计策很赞赏。

过了一些时候,齐威王派大将田忌、军师孙膑率领援军,向魏国陪都大梁进发。魏国则命太子申、军师庞涓率军与齐国援军决战。孙膑分析说:"赵、魏、韩三国兵士,向来凖悍勇武,他们认为齐国人胆怯,所以常

第九章 权篇

常轻视齐国人。我们不妨顺着敌人的心意，引诱他们走入歧途。《孙子兵法》中说：'以百里的速度急行军，会使上将跌倒；以50里的速度急行军，那么士兵死的死，逃的逃，抵达目的地后，最多能剩下一半人马。'我们要让庞涓中这个计。"

田忌听了孙膑的话点头称是，并且下令，齐军进入魏国领土后，最初建10万个炉灶，第二天建5万个炉灶，经三天建两万个炉灶，依次递减炉灶的数目。

庞涓听说齐军的炉灶日益减少的情况后，十分高兴，说："早听说齐国人胆小，果然如此，没想到，齐军三天来已溃散过半。我们应乘胜追击，不可错过良机。"

于是，庞涓亲自率军前进。孙膑估算庞涓黄昏时分可到马陵。马陵那个地方，上有绝壁，下有深谷，可谓天险，孙膑命令万余弓箭手在那里埋伏，并下令："看见火光后，就集中射击。"进入夜间后，庞涓果然率领骑兵长驱直入，来到马陵道，他们举着火把照明。齐军伏兵看到火光，万箭齐射，魏军惊慌失措，四下逃散，被齐军一举击溃。这一仗，齐军大获全胜，并且活捉了魏国军队的统帅太子申。

 鬼谷子

六、刘邦歼秦

公元前207年，即秦二世三年，各地的起义军日益壮大，秦朝统治岌岌可危。这年6月，刘邦率领数万人马与张良带领的反秦军会师，向南出击，在犨东大败秦军，攻占了南阳郡的大部分地方，秦南阳守将齮被迫退守宛城。

刘邦继续往前推进，准备扩大战果，张良则认为秦军势力目前还比较强大，而且宛城坚固无比。如果我们不攻克宛城就西进，那么我们就会前后受敌。

刘邦认为有道理，就采纳张良的建议，率领一支部队乘黑夜秘密返回宛城，次日天明的时候，齮一见刘邦兵临城下，宛城被围，准备自杀殉节，被部下陈恢劝阻。陈恢要齮不必为即将灭亡的秦朝殉节，他们一同出城会见刘邦，分析攻城之弊和投诚之利。刘邦认为陈恢言之有理，就接受了齮的投诚，还封他为殷侯，继续据守宛城。刘邦带走秦南阳守军的武器和精兵，继续西进。

8月，刘邦带领的军队行进到武关一带。当时，秦二世被赵高逼迫自杀，子婴被立为秦王。9月，子婴又把专权的赵高刺杀了，率领军队据守峣关，阻挡刘邦西进。

刘邦闻讯后，急令自己的部队进击峣关。张良劝阻道："敌我双方势均力敌，我们不能贸然行事。"

于是刘邦先派部分士兵，在峣关周围山头遍插自己的旗帜，以便虚张声势，炫耀武力，威慑秦军，从而使敌人产生恐惧心理。另一方面，他又让郦食其、陆贾带上厚礼劝降秦将，晓之以利害，威利并用，软硬兼施，秦将果然被迷惑，答应倒戈。接着，刘邦突然向秦军发动进攻，并绕过峣关，长驱直入，一路大败秦军，攻占了咸阳。秦王朝的统治宣告结束。

七、韩信水淹楚军

楚汉战争中，韩信在攻克齐国临淄后，又率兵乘胜追击齐王。楚王项羽见此情形，便派大将龙且带着人马去救援齐王。

有位谋士对龙且说："汉兵远道而来，而且勇敢善

鬼谷子

战,势不可挡。齐、楚两国的军队都是在本乡本土打仗,将士们士气不高昂。如果我们坚守城池,不同汉兵交战,同时派人到被汉军占领的地方去鼓动齐人,告诉他们齐王没有灭亡,让他们起来反抗汉军的占领,这样,汉军的粮草维持不了多长时间便会告急,那么他们就不战自垮了。"

谁知龙且是个刚愎自用的人,他认为韩信不足惧,并不是不可战胜,所以他不听从这位谋士的建议,执意要同韩信交战,期望能打败韩信,好向楚王邀功领赏。

楚汉两军在潍河两岸扎营,隔河对峙起来。韩信命令士兵们赶制了一万多个沙袋,并派人在夜里偷偷将沙袋搬到潍水上游阻塞河水,然后率军渡水,敲响战鼓,向楚军发动进攻。

当楚军开始回击后,韩信的部下马上假装败北,逃回岸上。龙且见此情形,以为汉军不堪一击,便下令渡河追击。当大批楚军士兵渡河时,韩信命令士兵搬去上游的沙袋,水流突如其来,汹涌而至,楚军慌作一团。韩信又下令立刻反击,汉军便掉头攻击慌乱中的楚军,龙且在乱军中被杀死,楚军大败。

八、苑中种麦

"苑中种麦"说的是唐玄宗亲自种麦的故事,人们用它喻指皇帝励精图治、重视农业生产的明智之举。

此典出自《旧唐书·玄宗纪》:"此将荐宗庙,是以躬亲,亦欲令汝等知稼穑之难也。"

唐玄宗李隆基(公元685~762年),是唐睿宗(李旦)的第三个儿子,垂拱元年(公元685年)秋出生于东都洛阳。为人英勇果断,多才多艺,精通音律,擅长于书法,仪态俊逸,一表人才。

唐睿宗是一个昏庸懦弱的人,他依靠儿子李隆基和太平公主的力量得到帝位,因此,登上帝位后他就立李隆基为太子。公元712年,唐睿宗让位给李隆基自己改称太上皇。唐玄宗是一位励精图治的皇帝,从公元713年至公元736年,为了求得国内的安宁,在用人和纳谏等方面,表现出了卓越的政治才能。因此,开元年间,经济繁荣,国威远扬,是唐朝的黄金时代。

 鬼谷子

开元二十二年（公元734年）夏季，唐玄宗亲自在苑中种麦子，率领皇太子等人收割庄稼，对皇太子等人说："因为要把这些收获下来的粮食供奉于宗庙，所以我要亲自动手收割，也想叫你们懂得耕种收获粮食的艰难。"他把粮食分赐给侍臣们，对他们说："每年派人巡视检查禾苗庄稼，要知道到底能产多少粮食，但是，他们所报的数字多是浮夸，与事实不相符。所以，我要亲自种植，看一亩地到底能收多少粮食，以推测收成如何。况且，《春秋》这本书极力描述麦子禾苗，难道稼穑之事不是古人所重视的么！"

九、斋马清风

"斋马清风"形容官吏居官清廉。

此典出自《旧唐书·冯元淑传》。

唐代，有一个人叫冯元淑，在武则天时期任清漳县令，政绩非常突出，老百姓都极为尊敬和爱戴他。后来，冯元淑又出任浚仪、始平县令，都是单人独骑前去赴任，从来都不带妻子儿女一同前往。他所骑的马，午后就不再喂草料，冯元淑说，这是让马作斋戒。而且他

第九章 权篇

自己以及他的随从奴仆,每天只吃一顿饭。节省下来的俸禄,都用来作办公的费用和赐给贫寒的人们。有人讥笑他是为了沽名钓誉,冯元淑说:"这是我的本性,不觉得清苦。"唐中宗(李显)时,皇帝发下诏书慰劳和勉励他,并叫史官编写他的事迹。

一〇、避其锐气,击其惰归

后人用"避其锐气,击其惰归"比喻在作战时避开敌人的锐气,等敌人疲乏退缩时,狠狠地加以打击。

此典出自《孙子·军争篇》:"是故朝气锐,昼气惰,暮气归。故善用兵者,避其锐气,击其惰归。"

《军争篇》是孙子兵法中卷的第三篇,主要阐述两军如何争取战争的主动权。孙武认为:除了要知道"以迂为直"的策略以外,还必须把握作战的时间。

孙武说:"对于敌人的军队,要打击他的士气;对于敌军将领,要打乱他的决心。早晨士气最旺盛,午间逐渐懈怠,到了晚上就疲乏思归了。善于打仗的人,要避开敌军初来时的锐气,等到敌军懈怠、疲惫不堪时再去攻击,这是掌握士气的方法。

 鬼谷子

一一、前徒倒戈

"前徒倒戈"比喻军队背叛,调转枪口攻击自己。

此典出自《尚书·武成》:"会于牧野,罔有敌于我师,前徒倒戈,攻于后以北,血流漂杵。"

商纣王是个暴虐的国君。人民非常痛恨他。

当时,周国是商朝的附属国。周文王励精图治,积极准备力量,决心消灭纣王。他善于笼络人心,因此许多诸侯国都背离商朝,归附了周国。

周文王死后,他的儿子武王继位。周武王决心继承父亲遗志,完成灭商大业。

公元前1066年,武王率领兵士四万五千人,勇士三千人,战车三百辆,讨伐商纣王。各诸侯国纷纷起来响应。

周武王指挥大军向商朝别都朝歌,(现在河南省淇县)发起猛烈进攻,攻到牧野,(现在河南省汲县北部),距朝歌七十里路。周武王在牧野召开誓师大会,列举了纣王的种种罪状,号召将士团结战斗,奋勇杀敌。

第九章 权篇

当时,商纣王正在宫中和妃子饮酒取乐,突然听到这个消息,惊慌不已,匆忙率领七十万大军,赶到牧野迎战。商军官兵不愿替纣王打仗,战斗一开始,纣王前锋部队的士兵就,配合周军,掉转矛头向纣王杀去。结果商军大败,死伤无数,尸体堆积如山,血流成河,把木杵都漂起来了。纣王走投无路,自焚而死。从此,商朝灭亡。

一二、兵不厌诈

"兵不厌诈"意思是作战时可以使用诈术,最后达到使敌人作出错误判断的目的。

此典出自《韩非子·离一》:"战阵之间,不厌诈伪。"

虞诩,字升卿,是东汉安帝时的武都太守,有一次,他奉命带领几千人马到甘肃境内去和羌人作战,他下令日夜兼程,所过之处每天都增加挖掘煮饭用的灶,前后挖了几十个,有人迷惑不解,就问他说:"从前孙膑每天减灶,而你每天增灶,是什么道理呢?"虞诩答道:"兵不厌诈,敌人人数比我们多,但看到我们

鬼谷子

每天增灶,就会认为我们每天都在增加兵员,就不敢跟踪追击了。减灶是'示弱',增灶是'示强',情况不同,办法也就不同。"结果羌人果然中计了,遭到失败。

一二、黎丘丈人

这个典故的主旨,就是教育人不要被似是而非的假象所迷惑因而犯错误。

此典出自《吕氏春秋·慎行论·疑似》。

梁国的北部有个黎丘乡,那里有个奇鬼经常装扮成人的子侄、兄弟的模样。有个乡里老人到集市上去,喝醉了酒后回家,黎丘奇鬼就扮作他儿子的模样,假意搀扶他,一路上却把他折磨得痛苦不堪。

老人回到家里,酒醒以后,责备他的儿子,说:"我作为你的父亲,难道说不慈爱吗?我喝醉了酒,你在路上折磨我,这是为什么呢?"

他的儿子流着眼泪,伏在地上叩头说:"真是罪孽啊!并没有这样的事呀!昨天我明明去东乡人那里讨债去了,是可以问明白的。"

他父亲相信他的话,说:"唉!那一定是那个奇鬼了,我本来早就听说过这种事了!明天,我再到集市上去喝酒,如果再遇见它,就把它杀掉。"

第二天,老人在市上又喝醉了,他的儿子担心父亲回不来,就到路上去迎接他。老人看到自己的儿子,误以为是奇鬼,就拔剑杀死了他。

老人的智慧被像儿子的奇鬼弄糊涂了,结果竟杀死了自己的亲生儿子。

一三、李代桃僵

"李代桃僵"比喻互相顶替或代人受过。

此典出自古乐府《鸡鸣》:"桃生露井上,李树生桃傍。虫来啮桃根,李树代桃僵。树木身相代,兄弟还相忘。"

《鸡鸣》是乐府《相和歌》的曲名,以首句"鸡鸣高树巅"名篇。这首古辞分为三段,意思不相连属。其中第二段中写道:

水井旁边有一棵桃树,桃树旁边有一棵李树。虫子咬桃树的根时,李树虽没有遭虫害,但却替桃树着急、

难受，以致干枯而死。像桃李这样的树木，竟能同情互爱，以身相代，但是同胞兄弟却还有把手足之情忘掉的呢！

这些诗句，揭露了封建统治阶级内部争权夺利、勾心斗角和兄弟之间彼此嫉妒、自相残杀的情景，讽刺有些兄弟还不如树木。

一四、力士脱靴

"力士脱靴"形容文人墨客蔑视权贵，狂放不羁。

此典出自《新唐书·李白传》："白尝侍帝，醉，使高力士脱靴。"

李白喜欢喝酒。有一次，李白陪唐玄宗喝酒，喝得酩酊大醉，让唐玄宗的亲信太监高力士为他脱靴子。高力士平日显贵，遇到此事，因而觉得是一种耻辱，于是就挑拨杨贵妃说，李白在诗中把她比作汉朝的舞妓赵飞燕，这是侮辱她，于是杨贵妃怀恨在心。唐玄宗想授李白官职，但却被杨贵妃阻止了。李白深知自己不为唐玄宗的亲信所容，于是更加狂放不羁，与贺知章、李适之、汝阳王、崔宗之、苏晋、张旭、焦遂为友，被称为

"酒八仙人"。李白恳求回到山里,唐玄宗赐以金钱,就让他走了。

一五、柳生左肘

"柳生左肘"用以形容人的生老病死。人们也常常用"柳生左肘"比喻对死亡的达观态度。

此典出自《庄子·至乐》:"支离叔与滑介叔观于冥伯之丘,昆仑之虚,黄帝之所休。俄而柳生其左肘,其意蹶蹶然恶之。"

支离叔与滑介叔(支离叔象征忘形的人,滑介叔象征忘智的人)一同游览于冥伯(寓言中的山名)之丘、昆仑之野,传说那里曾是黄帝休息的地方。突然,滑介叔的左肘长出一个肿瘤,他大吃一惊,好像非常厌恶它。

支离叔说:"你厌恶它吗?"

滑介叔说:"不,我有什么可厌恶的呢!生命,不过是暂时存在的一种形式而已;阴阳二气、金木水火土五行运行,四肢百体凑集在一起,不过是一堆尘垢秽物,并不是真东西。况且,以生为昼,以死为夜,死与

 鬼谷子

生如昼夜交替,天不能没有昼夜,人又怎能没有死生!我与你同游,为的就是观察这种变化,如今这种变化来到我身上,合乎至乐的道理,我有什么可厌恶的呢!"

一六、鲁人起

后人用"鲁人起死"这个典故说明:活人死了,根本不能用药复活。活人与死人有本质的区别。

此典出自《吕氏春秋·别类》。

鲁国有个名叫公孙绰的人。

他向人吹嘘说:"我有起死回生的本领。"

别人问他有什么灵丹妙药,他回答说:"我本来就擅长治疗半身不遂,现在我把这个方剂的药量再加大一倍,这样不就可以起死回生,使死人复活了吗?"

一七、王猛发挥才干

王猛出生在一个贫困的家庭里,小时候以卖畚为业,养家糊口。

王猛俊秀而高大,又博学多识,喜读研读兵书,性

第九章 权篇

情严谨庄重,态度严肃,气度不凡,志向远大,从不考虑琐事,也不屑参拜天地神灵,更不与他人来往。因此,那班华而不实的士人都轻视他、嘲笑他。王猛心安理得,从不放在心上。少年时代,他到邺都游历,当时很多人都不欣赏他。只有徐统认为他有杰出的才能,想征召他为功曹。但是,王猛不肯答应,溜到华阴山隐居。他有济世的志向,希望出现一个贤明有为的君主。他收拢着翅膀,以等待展翅高飞的机会。桓温率领军队进入函谷关时,王猛身披麻布短衣,前去求见。他一面同桓温谈论天下大事,一面把手伸进衣服内旁若无人地捉虱子。桓温看见王猛在捉虱子,感到很惊异,问道:"我是奉天子的命令,率领精锐部队十万人来匡扶正义,讨伐叛逆,为老百姓扫灭残败的贱人的。可是,三秦的英雄豪杰都不来见我,这是为什么呢?"王猛回答道:"桓公能不远数千里深入贼寇的境地,可是长安离这个地方这么近,却不肯过灞水,老百姓不知你心中的想法,所以不来拜望。"桓温被说得哑口无言。桓温退兵时,赐给王猛车辆马匹,任他为督护高官一起去江南。王猛回到华阴山同师傅商议,师傅说:"你同桓温怎么能同时在世上存在呢!你留在这里,将来也会得到富

贵,何必远行!"于是,王猛没有跟随桓温而去。王猛心里明白,回到高级士族专权的东晋朝,自己不可能有前途,与其帮着桓温来篡晋,还不如留在关中再找机会。不久,王猛就成为苻坚的亲信人,发挥了他杰出的政治才干。

一八、东方朔各得其所

西汉,隆虑公主有一个儿子,人称昭平君。昭平君娶武帝的女儿夷安公主为妻,是武帝的乘龙快婿。昭平君伏着自己是皇亲国戚,骄横狂放,胡作非为。他的母亲隆虑公主很替他担心,她在病重之际,拿出金千斤、钱千万为昭平君预赎死罪,于是汉武帝答应了。隆虑公主死后,昭平君果然犯了杀人之罪,论法当斩。为了慎重起见,掌管司法的廷尉将此判决上报汉武帝,请他恩准。那时,朝廷里的大臣都为昭平君讲情,说:"他母亲生前已替他赎了死罪,陛下就赦免了他吧!"汉武帝说:"我的妹妹隆虑公主老来得子,生了昭平君,视为掌上明珠。她去世之前,反复叮嘱,把昭平君托付给我,让我照顾他。"说着,汉武帝泪流满面,长叹不止,

第九章 权篇

过了很久，汉武帝语气坚决地说："法令，是先帝制定的，我也必须遵守。假如因为妹妹的请求而破坏先帝的法令，我有什么脸面去拜祭列祖列宗呢！再说，不处罚昭平君，也有负于天下万民的殷切期望啊！"于是，武帝批准了廷尉的判决，处死了昭平君。武帝极度伤心，左右大臣也都非常悲痛，整个朝廷都沉溺于哀伤的气氛中。

能言善辩的大臣东方朔（公元前154—前93年）上前给武帝祝寿，说："我听说，圣明的君主管理政事时，奖赏不论仇敌，罚罪不分骨肉。《书经·洪范》中说：'不偏私不阿附，帝王之道平坦顺遂。'对于'奖赏不论仇敌，罚罪不分骨肉'这二点，古代五帝伏羲（太皋）、神农（炎帝）、黄帝、尧、舜等人都很重视，夏、商、周三代的君主也都难以处理好这些关系。现在陛下能够做到这二点，使四海之内的平民百姓得到适当的安置，这是普天之下最大的幸运！我东方朔向您敬献一杯酒，冒昧地再次向您顶礼膜拜，祝您万寿无疆！"事后，汉武帝对东方朔说："先生说了那番话，合乎礼制吗？"东方朔回答道："解除忧愁的最好方法是喝酒。我之所以向陛下敬酒祝寿，正是为了赞扬您的刚正不

阿,并以此节制您的悲哀!"几句话,说得汉武帝高兴起来。本来,东方朔不久前犯了一个不大不小的错误:有一次他喝醉了酒,在殿中随意小便,被认定为"大不敬",武帝已下诏免去他的官职。经过上述的一场谈话,东方朔竟然时来运转,汉武帝不仅对他在殿中的放荡行为没有进行惩罚,反而又任命他为中郎官,并赐给他帛百匹。

一九、杯酒释兵权

宋太祖采用兵变的方式废掉了后周的皇帝,自己正式做了天子,改国号为宋。他担心自己的部下也采用自己曾经用过的办法对付他,因此就千方百计削掉重臣武将的兵权。

公元961年秋天,某日,宋太祖因为散朝较晚,与大将石守信等人一起饮酒,酒意正浓时,宋太祖屏退左右,对这些将领们说:"我若没有你们的帮助,就不会有今天。我做了天子,却觉得做皇帝实在没有做节度使快乐!我整夜都睡不好觉,无法高枕无忧。"石守信等人听了宋太祖的话,连忙说:"现在天下已定,谁也不

第九章 权篇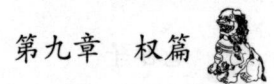

敢有异心,陛下为什么这样说呢?"

宋太祖说:"哪个人不想得到富贵呢,哪个节度使不想做皇帝?即使你们不想,有一天部下逼着你们做,硬把黄袍加在你们身上,你们虽然不想做皇帝又能怎么样呢?"石守信等诚惶诚恐地说:"我们断不敢有这种异心,请求陛下哀怜我们。"宋太祖说:"人生短暂,光阴难留,就像白驹过隙一样。你们不如多积攒一些钱财,购买田地房屋留给子孙后代,自己看着儿女歌唱跳舞,痛痛快快地享受天伦之乐。这样,君臣之间也两好无猜,不是很好吗?"石守信等人感恩地说:"陛下为我们想得这么周到,对我们真是再生之恩啊!"石守信等人明白宋太祖的心意。第二天,石守信等人都主动告病,并请求朝廷解除自己的军职。宋太祖一一批准,授予他们品位很高的闲散官职,并赏赐了非常丰厚的钱财。

二〇、李逵误识他人

杏花村有个名叫王林的人,靠卖酒为生。老伴死得很早,留下一个女儿,名叫满堂娇,年方十八,还没有

 鬼谷子

许配人家。

有一天,贼人宋刚和鲁智恩到杏花村喝酒,宋刚自称是梁山泊头领宋江,鲁智恩自称是花和尚鲁智深。王林不认识宋江和鲁智深,以为他们俩真的就是梁山好汉,便热情接待,还唤女儿满堂娇出来敬酒。

宋刚想要讨满堂娇做压寨夫人。鲁智恩对王林说:"把你女儿与俺宋公明哥哥做压寨夫人吧,只借三天,第四天便还你。"说完,他不管三七二十一就把满堂娇带走了。

正好李逵也下山游玩,听说宋江和鲁智深抢走了王林的女儿,非常恼怒,就立即回山与宋江理论。

见了宋江,李逵连忙恭喜道:"给哥哥道喜!"宋江问道:"喜从何来?"李逵道:"哥哥不是要讨压寨夫人了么?"然后指着鲁智深说:"秃儿,这是你做的好事吧?"鲁智深不知怎么回事,呆呆地默不作声。李逵恨恨地说:"原来这梁山泊有天无日,我恨不得砍倒这面杏黄旗。"宋江忙说道:"你这铁牛,有什么事也不查个明白,就要提板斧砍倒杏黄旗。"吴学究则在一旁说道:"山儿,你也忒口快心直了。"宋江说:"山儿,你下山喝酒,遇着了什么人?他们说了些什么?……"

第九章 权篇

于是李逵把事情的原委告诉了宋江,宋江坚决否认。李逵不信,便与宋江打赌说:"如果不是你,我愿把这个脑袋输给你。"宋江道:"既然如此,就立下军令状,交学究收着。"李逵道:"哪怕指天画地能瞒鬼,步线行针待哄谁。"为了弄清事情的真相,宋江、鲁智深和李逵便一道下山去找王林对质。路上,李逵总觉得宋江和鲁智深走路太慢,必是心中有鬼,便道:"让我来给你们逢山开道。"鲁智深说:"山儿,我还要你遇水搭桥呢!"李逵道:"你休得顺水推舟,偏不许我过河拆桥。"宋江知道李逵的话中有意,便说:"山儿,记得你是八拜之交认我做哥哥的吗?"李逵拼命地赶路,不觉来到杏花村王林家。对质的结果,抢王林女儿的果然不是宋江。

宋江回山要杀李逵的头,李逵无话可说。正在这时候,王林来报告说,假宋江、假鲁智深送他女儿回来了,已经到了他家。宋江便说:"山儿,你下山把那两个贼人抓来,恕你无罪。"李逵听说,连忙谢恩。他说:"真是揉到我山儿的痒处了。管叫瓮中捉鳖,手到拿来。"说完飞速下山把两个贼人捉拿上山来了。

二一、严惩李大户

有个寡妇刘氏，身边只有一个儿子名叫秋胡。邻居罗大户有个女儿叫做梅英。通过媒人的说合，秋胡与梅英二人结为夫妻。没想到成婚之后，媒人嫌谢礼太少而从中百般挑拨。她对梅英说："姐姐一表人才，应该嫁给一个财主，有吃有穿，一生受用，嫁给这个秋胡，穷困艰苦，你以后依靠什么生活下去啊？"梅英回答说："至如他釜有蛛丝甑有尘（意思是：就是他穷得锅底朝天，甑上有灰尘），我也不嫌弃。"

梅英根本不理睬媒婆的挑拨。

不久，秋胡当兵去了。债主李大户趁机来向罗大户逼债，想借机将梅英据为己有。罗大户无钱偿还，李大户便摆出一副财主的架势说："既无钱还债，就把梅英嫁给我，这笔债也就一笔勾销了。"还造谣说："你女婿已经死了，女儿又这么年轻，总不能老守活寡呀！嫁给我李某，不但你女儿一生吃穿不愁，你这个当岳父的也可跟着享享清福哇。"听了李大户的这番话，罗大户的心动了。

第九章 权篇

罗大户便对刘氏说:"秋胡已死,我女儿年轻,不能守寡!而今李大户要娶她,已经牵羊担酒送礼来了。"刘氏无可奈何,只好叫梅英梳妆打扮。她对梅英说:"虽然秋胡不在家中,你是个年轻媳妇,也该梳梳头,打扮一下呀!这样蓬头垢面,不是让人家笑话么?"梅英说道:"我丈夫不在家已五载十年了,我一个妇道人家也该识个好歹高低呀!"正在说话间,李大户与罗大户夫妻带着一班人吹吹打打,鼓乐喧天娶亲来了。

梅英对李大户的卑劣行为极力反抗,她坚决而愤怒地对他父母说:"要我改嫁,等太阳从西边升起来吧!"李大户死皮赖脸地对梅英说:"小娘子不要多言,我这模样也不丑呀"梅英听了,怒发冲冠一巴掌打在他的脸上,恨恨地骂道:"你有钱,你有势,怎敢把我穷人欺,我虽穷,有骨气,你敢把我良家妇来调戏,滚滚滚,去去去,凤凰岂肯配乌鸦。"李大户见势不妙,只能暂时退去,妄想另找机会报复。

这件事过去没有多久,秋胡告假回家探亲来了。

秋胡入伍后屡立奇功,现在已官至中大夫了。他告假回家,看见梅英正在采桑,便更衣来戏弄他的妻子。他说:"小娘子,左右无人,我央求你,采桑不如嫁郎,

鬼谷子

你顺了我吧。"梅英怒骂道:"你这厮,太无礼了。你待要偕比翼,你也曾听杜宇它那里口口声声撺掇先生,不如归去。"秋胡还要纠缠,被梅英痛骂了一顿。

梅英夫妻团圆之后,秋胡便命令矩野县官严惩李大户。于是,县官立刻派人抓来了李大户,把他重打四十大板,并关押三个月,罚粮一千石,这些粮食都用于救济饥民了。